科技部国际科技合作项目"基于逆向制造的电子废弃物处理系统关键技术研究"（项目编号：2011DFA60290）子课题
国家社会科学基金重大项目"环境治理的市场化制度与社会化共治体系研究"（项目编号：07022420065）

生产者责任延伸制度的中国实践

杜欢政 靳 敏等 著

科学出版社

北 京

图书在版编目（CIP）数据

生产者责任延伸制度的中国实践 / 杜欢政等著. —北京：科学出版社，2017.1
ISBN 978-7-03-051528-5

Ⅰ. ①生… Ⅱ. ①杜… Ⅲ. ①企业环境管理–责任制–研究–中国
Ⅳ. ①X322.2

中国版本图书馆 CIP 数据核字（2017）第 011327 号

责任编辑：杨婵娟　刘巧巧 / 责任校对：钟　洋
责任印制：徐晓晨 / 封面设计：铭轩堂
编辑部电话：010-64035853
E-mail:houjunlin@mail.sciencep.com

*科学出版社*出版
北京东黄城根北街 16 号
邮政编码：100717
http://www.sciencep.com
北京建宏印刷有限公司 印刷
科学出版社发行　各地新华书店经销

*

2017 年 1 月第 一 版　开本：720×1000 1/16
2019 年 1 月第三次印刷　印张：11 1/4
字数：230 000
定价：58.00元
（如有印装质量问题，我社负责调换）

序 言

　　中国是世界上最大的发展中国家，人口众多、资源禀赋不足、气候条件复杂、生态环境整体脆弱，且正处于工业化、信息化、城镇化和农业现代化快速发展的历史阶段。改革开放以来，我国经济社会发展取得了令世人瞩目的成果，但依赖大量消耗能源资源的粗放型经济发展方式，也使我们的资源环境付出了巨大的代价。资源约束趋紧、环境污染严重、生态系统退化，特别是近几年我国出现了大范围、长时间、多频率的雾霾天气，不仅损害了人民群众的身体健康，也给我们的生产、生活带来了严重影响。全球气候变化已对粮食安全、水安全、生态安全、能源安全、城镇运行安全及人民生命财产安全构成严重威胁。我国也是受气候变化影响比较严重的国家之一，生态环境问题已成为我国经济持续健康发展的重大瓶颈制约、人民生活质量提高的重大障碍、中华民族永续发展的重大隐患。目前，我们面临着发展经济、消除贫困、改善民生和生态环境及应对气候变化的巨大挑战。党中央、国务院对此高度重视，积极采取措施，努力转变发展方式，推动供给侧结构性改革，大力改善生态环境、治理环境污染、积极应对气候变化，将生态文明建设作为我国经济社会发展的重大战略任务，纳入中国特色社会主义事业"五位一体"总体布局，推动形成有利于资源节约和环境保护的空间格局、产业结构、生产方式、生活方式，确保实现"两个百年"目标，加快建设美丽中国。

　　中国对建设资源节约型、环境友好型社会，对人与自然和谐发展的认识比以前更清晰，发展路径的创新也更为迫切。党的十八届五中全会提出，要破解发展难题，落实创新、协调、绿色、开放、共享的发展理念。"十三五"是实现全面建成小康社会决战的五年，要努力转变发展方式、生活方式和消费模式，加大供给侧结构性调整的力度，推动各领域绿色循环低碳发展。大力发展循环经济，是实现最有效利用资源、近零排放、保护环境，提高经济增长的质量和效益，补齐资源环境制约经济社会发展短板的发展方式创新。

　　发展循环经济，必须要建立生产者责任延伸制度。在当前环境问题日益凸显、资源紧缺压力逐渐增大的背景下，生产者责任延伸制度的重要性已经显现。为了应对日益严重的废弃物资源化和环境污染问题，全世界已有20多个国家和地区通过立法确立了基于生产者责任延伸原则的废旧产品回收管理制度体系，并取得一定成效，已经形成了一种不可逆转的潮流。德国、瑞典、日本等国通过立法的形式来实施生产者责任延伸制度，它们关于包装废弃物、报废汽车和废弃电子电气产品等废弃物的法律法规已经生效和实施。如何把国外的先进理念和做法与中国实践相结合，探索适合中国国情的生产者责任延伸制度，已成为中国政府的重要任务。

生产者责任延伸制度是发展循环经济、建设生态文明的重要制度保障。在我国，发展循环经济的推动者主要是政府和企业。在市场经济条件下，政府不可能单纯采用行政手段或者号召的方式使我国经济实现向循环经济的转变，这就需要顺应世界潮流，实施生产者责任延伸制度，通过综合运用法律和经济的手段，促使企业承担起应有的责任，使企业真正成为发展循环经济的主体和第一推动者。在可持续发展需求和国外贸易壁垒的影响下，我国自1995年通过实施《中华人民共和国固体废物污染环境防治法》以后，相关法律法规中也陆续出现了一系列体现EPR相关内容的制度规定。国家发展和改革委员会、工业和信息化部、商务部、环境保护部等部门，都在各自职责范围内，积极推动生产者责任延伸制度并取得了一定的成效。就如何能够找到适合不同行业、不同领域的生产者责任延伸制的路径，本书展现了独特的分析视角和独到见解。

本书由联合国环境规划署－同济大学环境与可持续发展学院教授、长三角循环经济技术研究院院长杜欢政教授牵头，汇集国内有关专家、学者等，组成专门的研究团队撰写完成。研究团队既从事循环经济、废弃物循环利用等理论研究，又长期与国家发展和改革委员会、工业和信息化部、商务部、环境保护部等部委合作开展政策研究和实践探索。本书是该团队多年研究成果的总结，以中国电子电器产品和包装废弃物EPR制度探索为案例进行分析，通过研究世界发达国家及我国台湾地区EPR制度的实践经验，总结概括了中国当前EPR制度的理论前沿和实际操作思路。本书既有理论高度，又结合中国实践，可以为国内相关研究机构及从事资源循环利用、环境保护工作的政府部门，提供有益的参考与借鉴。本书以专业的视角、通俗的表述给人以思想启发，富有新意。

解振华

（中国气候变化事务特别代表，
全国政协人口资源环境委员会副主任，
国家发展和改革委员会原副主任）
2016年12月8日

前言

党的十八届五中全会明确指出，坚持绿色发展，必须坚持节约资源和保护环境的基本国策，坚持可持续发展，坚定走生产发展、生活富裕、生态良好的文明发展道路，加快建设资源节约型、环境友好型社会，形成人与自然和谐发展的现代化建设新格局，推进美丽中国建设，为全球生态安全做出新贡献。生产者责任延伸（extended producer responsibility，EPR）制度作为一项环境政策，将生产者对于其产品所承担的责任，从物质和财产责任扩大到产品生命周期的消费后的废弃物处置阶段，即将产品的回收、再生和废弃处理的责任完全归于产品的生产者，并激励生产者在产品设计阶段就考虑产品废弃时的回收和再生利用问题，以迫使生产者在对产品的设计和原材料的选择上更加慎重。EPR制度对于提高资源利用率，减少废弃物的排放，保护和改善自然环境发挥着重要的作用。目前，全球包括欧盟、加拿大、美国、日本等越来越多的国家和地区基于EPR制度，构建起较为有效的废旧产品回收体系，涉及产品有包装物、电子产品、汽车、轮胎、电池、打印纸、润滑油、农药及其容器、医药、家具、家用危险品等。目前，中国循环经济尚处于起步阶段，健全与完善EPR制度，对于促进循环经济的发展，实现经济社会的可持续发展都具有重要意义。EPR制度是面向整个产品生命周期的，涉及上下游各环节主体的决策。本书首先阐述EPR制度建立的理论基础，其次对EPR制度的内涵、演变历程和实施条件进行分析，然后基于EPR的国际实践设计科学与行之有效的EPR制度，最后通过实例阐述EPR制度在中国的发展，以及在电器电子产品和包装废弃物管理中EPR制度的实践及经验总结。本书基于EPR制度，在中国建立起规范、有效与有序的废旧产品回收与资源化网络体系，推动了中国资源节约型、环境友好型社会的构建，对中国生态文明建设的发展具有重要意义。

本书归纳并总结了国内外EPR制度的相关研究，并系统地阐述了与EPR制度相关的经济外部性、企业环境责任、清洁生产与产品生命周期、循环经济等理论及其与EPR制度的关系，在此基础上进一步全面、详细地分析论述了EPR制度的内涵、演进历程、实施条件。同时，本书还在EPR制度的实践层面，归纳总结了EPR制度在世界各国实施的经验，分析阐述了中国实施EPR制度的背景、EPR管理体系、EPR制度在中国的试点和应用，特别详细地分析和阐述了电器电子产品和包装废弃物的EPR制度实施历程、措施、实施效果分析等制度性探索和实践，以及中国刚刚起步的EPR制度在典型企业和典型产品的试点工作。

本书由同济大学循环经济研究所杜欢政教授负责总体组织和设计，中国人民大学环境学院靳敏负责全书统稿。各章节具体内容和分工如下：第1章"导言"主要介绍EPR制度的起源和相关研究综述，由同济大学循环经济研究所杜欢政、鲁圣鹏和矫旭东执笔；第2章"EPR制度相关理论"主要介绍经济外部性、企业环境责任、清洁生产与产品生命周期和循环经济等EPR制度的基础理论，由中国人民大学环境学院靳敏撰写；第3章"EPR制度概述"和第4章"世界各国家/地区EPR制度的实践经验"分别介绍EPR制度的内涵、EPR制度演进历程、EPR制度实施条件等，以及欧盟、日本、美国、加拿大、韩国等国家和地区EPR制度的发展经验及对中国开展EPR制度的借鉴意义，由北京大学城市与环境学院童昕撰写，并受到国家自然科学基金项目"基于生产者责任延伸制度的电子产业技术转型研究"（项目编号：41271548）的研究资助；第5章"中国EPR制度建设概述"介绍中国实施EPR制度的背景，分析中国EPR制度为什么应从报废电子电气设备（waste electrical and electronic equipment, WEEE）行业开始试行、目前的EPR管理体系、《废弃电器电子产品回收处理管理条例》和电器电子产品EPR试点，以及EPR制度下的再制造和轮胎、包装等行业的EPR制度等，由中国家用电器研究院田晖和有色金属技术经济研究院张芳合作撰写；第6章"中国电器电子产品EPR制度的实践"主要介绍中国电器电子产品EPR制度实施历程、实施内容、实施效果分析及相关建议，由中国家用电器研究院田晖撰写；第7章"中国包装废弃物实施EPR制度探索"主要分析包装废弃物循环利用现状及问题，探讨低值资源类包装废弃物循环利用EPR制度建设体系，研究实施包装废弃物EPR相关政策建议，由有色金属技术经济研究院张芳撰写；第8章"中国电器电子产品EPR试点"主要介绍中国刚刚起步的EPR制度在典型企业和典型产品的试点工作，由中国家用电器研究院田晖撰写。

作　者
2016年9月

目 录

序言

前言

第 1 章 导言   1
  1.1 EPR制度的起源和目的   1
  1.2 EPR相关研究概述   5
  参考文献   14

第 2 章 EPR制度相关理论   19
  2.1 经济外部性理论   19
  2.2 企业环境责任理论   23
  2.3 清洁生产与产品生命周期理论   27
  2.4 循环经济理论   31
  参考文献   34

第 3 章 EPR制度概述   36
  3.1 EPR制度的内涵   36
  3.2 EPR制度的演变历程   39
  3.3 EPR制度的实施条件分析   42
  参考文献   47

第 4 章 世界各国家/地区EPR制度的实践经验   49
  4.1 欧盟   49

4.2 日本 53
4.3 韩国 55
4.4 美国、加拿大 57
4.5 中国（含台湾） 58
4.6 其他发展中国家 59
参考文献 61

第 5 章　中国EPR制度建设概述 62
5.1 中国实施EPR制度的背景 62
5.2 EPR管理体系 65
5.3 《废弃电器电子产品回收处理管理条例》 66
5.4 电器电子产品有害物质管理 74
5.5 再制造 75
5.6 其他EPR制度（轮胎、包装等） 78
参考文献 85

第 6 章　中国电器电子产品EPR制度的实践 86
6.1 行业发展概况 86
6.2 中国废弃电器电子产品EPR制度实施的背景 88
6.3 《废弃电器电子产品回收处理管理条例》实施情况 90
6.4 电子信息产品污染控制管理办法实施效果分析 99
6.5 中国电器电子产品EPR企业实践 101

第 7 章　中国包装废弃物实施EPR制度探索 110
7.1 包装废弃物循环利用现状及问题 110
7.2 低值资源类包装废弃物循环利用案例研究 116
7.3 实施包装废弃物EPR制度的探索 139
参考文献 145

第 8 章　中国电器电子产品EPR试点 147
8.1 试点背景 147
8.2 试点工作方案 148

8.3 试点实施方案编制指南 153
8.4 首批电器电子产品EPR试点单位 154

附录 157

附录1　我国国家层面包装废弃物资源化管理相关法律法规及政策　157
附录2　地方层面包装废弃物资源化管理相关法规及政策　165

第 1 章
导 言

1.1 EPR制度的起源和目的

随着工业化与城镇化进程的加快,人类以前所未有的速度从生态系统攫取自然资源,经生产、消费后,绝大部分以废旧产品的形式被排放到人类赖以生存的生态环境中,导致经济活动与生态环境之间的矛盾日益激化,人类生存和发展的空间不断缩小,可持续发展遭遇困境。传统的以填埋和焚烧为主的废弃物处置方式,虽然在一定程度上缓解了废弃物问题,却带来严重的二次污染,如填埋场占用了大量的土地资源,并导致地下水资源污染,焚烧过程产生了大量的有毒有害气体(如二噁英)及重金属。公众环境意识不断提高,要求政府和企业采取更为科学的废弃物管理方式。构建循环型经济与社会,是在资源与环境约束下,追求经济与社会持续发展的一种新型的发展模式,是实施可持续发展的必然选择。

EPR 制度作为发展循环型社会的一个基本制度,自瑞典隆德大学(Lund University)环境经济学家托马斯·林赫斯特(Thomas Lindhqvist)首先提出以来,受到越来越多的国家的关注,对发达国家的环境与资源政策和立法产生了深远影响,运用该制度的政策与立法在发达国家日益普遍[1]。按照经济合作与发展组织(OECD)的定义,EPR 制度是一项环境政策,生产者对于其产品所承担的责任,从物质和财产责任扩大到产品生命周期的消费后的废弃物处置阶段。欧盟将 EPR 制度定义为,生产者必须承担产品使用完毕的回收、再生或者废弃处理的责任。欧盟的策略是将产品的回收、再生和废弃处理的责任完全归于产品的生产者，认为生产者对产品的设计、原材料的使用拥有控制权，因为产品的生产者应该对产品使用之后的回收、再生和废弃处置承担责任，以迫使生产者在对产品的设计和原材料的选择上更加慎重[2]。因此，EPR 制度要求生产者对其产品的责任应延伸到产品的整个生命周期，尤其要承担报废阶段产品回收的组织与经济责任。其目的是使政府将废旧产品的处置责任全部或部分转移给生产者，以激励生产者在产品设计阶段就考虑其回收问题。

EPR 思想发源于瑞典，最早可以追溯到瑞典 1975 年颁布的《关于废物循环利用和管理的议案》，而后通过了专门产品的法规，如《关于原料包装容器的法》《关于废纸的生产责任令》《关于轮胎的生产者责任令》《关于汽车的生产者责任令》《关于电子电气产品的生产者责任令》等，形成了一个相对完善的 EPR 制度体系。德国是世界上循环经济立法最早的国家，也是率先在循环经济法中设立 EPR 制度的国家。通过 EPR 制度，德国将循环经济原则扩展到了整个生产领域。在德国，EPR 思想在其 1986 年颁布的《废弃物处理法》中就有体现。在 1996 年颁布的《循环经济和废物处置法》中，德国规定生产者的责任主要包括：设计产品时须考虑产品的生产及使用过程中尽可能地减少废弃物的产生；生产中优先使用再利用的废物及再生的材料；标明产品中所含污染物量，以保证使用后的废物可进行环境允许的回收再利用或处置；通过产品说明书提供关于产品返还、再使用和回收再利用等信息；接收产品使用后的废物及对这些产品和废物进行回收利用或处置。而后，德国政府针对各个行业的一系列法律法规也逐步制定出来，如《包装法令》《废弃电池条例》《废弃物处置条例》《电子电器法》等。近年来，欧盟出台了一系列的法令，如《报废电子电气设备指令》（WEEE 指令）、《在电子电气设备中限制有毒有害物质指令》(RoHS 指令)、《能源使用产品生态化设计指令》(EuP 指令)，其核心内容都不同程度地包含了 EPR 这一新兴环保理念。日本是亚洲最早推行 EPR 制度的国家，其立法实践居于世界前列，由基本法《促进循环社会形成基本法》、综合法《资源有效利用促进法》和专项法《家电再生利用法》《报废汽车再生利用法》等共同构建了一套比较完善的 EPR 制度法律体系。在美国，尽管还没有关于 EPR 的联邦法律，但在 1991～2011 年的 20 年间已有 70 多个涉及 EPR 制度相关的法律在各州广泛实施[3-4]。

EPR 制度对于提高资源利用率、减少废弃物的排放、保护和改善自然环境发挥着重要的作用。目前，全球越来越多的国家基于 EPR 制度，构建起较为有效的废旧产品回收体系，涉及产品有包装物、电子产品、汽车、轮胎、电池、打印纸、润滑油、农药及其容器、医药、家具、家用危险品等[5-6]。目前，在欧盟各成员国、加拿大、美国、日本等国家，EPR 制度已广泛展开。在欧盟，通过 EPR 制度每年有超过 1 亿 t 废旧产品被回收与资源化[5]。1994 年，加拿大不列颠哥伦比亚省发起了首个 EPR 项目，要求制造商对其生产的废弃油漆及其容器承担回收责任。目前，在加拿大，由地方政府负责管理和实施的 EPR 项目已超过 80 个，这使得加拿大成为全球实施 EPR 制度的领跑者[7-8]。

改革开放以来，中国经济迅猛发展，消费型社会模式产生了大量的废弃物，对中国生态环境造成了严重影响，制约了中国经济与社会的可持续发展。为了保护生态环境，构建循环型社会，废弃物回收资源化利用已成为中国亟待解决的问题。建立完善的 EPR 制度，是实现废弃物回收及其资源化的基本制度，它的建立旨在从法律层面上推动资源循环利用、达到人与自然和谐发展的目标。在可持续发展需求和国外贸易壁垒的影响下，中国政府也陆续出台了一些与 EPR 相关的法律法规，并在部分省市（如浙江省、青岛市）启动试点项目。

2008 年 8 月 29 日，中国通过了《循环经济促进法》，明确 EPR 制度为发展循环经济的基本制度，并将逐步建立起以《循环经济法》为基础的较完善的 EPR 制度法律体系。在具体的产品废弃物回收利用方面，主要针对包装物、电子废弃物及报废汽车等进行了相关立法。在包装物回收利用方面，1989 年颁布的《旧水泥纸袋回收办法》要求水泥厂或受水泥厂委托的纸袋收购单位对废旧水泥袋进行回收，并规定了回收比例、押金制度等。目前，中国拟重点推动 EPR 制度在电子废弃物领域开展。2003 年 10 月，国家环保总局（环境保护部前身）等五部委联合发布的《废电池污染防治技术政策》明确规定将废旧电池的收集责任归于制造商和进口商，并规定了具体的实施措施；2009 年 2 月 25 日，国务院公布了《废弃电器电子产品回收处理管理条例》，建立了由生产者缴纳的废弃电器电子产品处理基金；2012 年 7 月，中国开始实行《废弃电器电子产品处理基金征收使用管理办法》，进一步规范了 EPR 制度；2015 年 7 月，工业和信息化部(简称工信部)、财政部、商务部、科技部制定了《电器电子产品生产者责任延伸试点工作方案》，组织开展生产者责任；2016 年 1 月 11 日，上述四部委遴选出长虹、格力、海信、TCL、索伊、尊贵等 15 家电器电子产品生产企业与第三方机构中国通信工业协会，作为电器电子产品 EPR 首批试点单位。在报废汽车回收方面，2001 年 6 月实施的《报废汽车回收管理办法》规定，国家对报废汽车回收业实行特种行业管理，对报废汽车回收企业实行资格认证制度。

目前，中国 EPR 制度已开始逐步建立，但 EPR 制度在中国依然存在诸多问题：第一，《循环经济法》中关于 EPR 制度的规定比较抽象且具有原则性，多属于指导性规范，可操作性不强，有待进一步落实具体的实施措施与配套管理办法；第二，立法条文主要强调生产者对废弃物品或者包装回收进行回收的行为责任，没有明确生产者的经济责任与信息责任；第三，欠缺对责任主体不履行延伸义务时所应承担的法律责任及其追究方式的规定，对责任主体约束性不强，如《循环经济促进法》规定了生产者、销售者和消费者的义务，但"法律责任"一章并未规定违反 EPR 制度后所承担的法律责任；第四，对于生产者对废弃产品及包装的回收利用责任的范围还比较窄，仅限于列入国家强制回收名录的产品或包装物，虽然有些部门与地方已经开始积极探索应强制回收的产品或包装的目录，但至今仍未能公布国家强制回收产品或包装物名录等。

近年来，中国政府高度重视生态文明建设，构建资源节约型、环境友好型社会已被摆在国家战略高度。党的十八届五中全会明确指出，坚持绿色发展，必须坚持节约资源和保护环境的基本国策，坚持可持续发展，坚定走生产发展、生活富裕、生态良好的文明发展道路，加快建设资源节约型、环境友好型社会，形成人与自然和谐发展的现代化建设新格局，推进美丽中国建设，为全球生态安全做出新贡献。目前，中国循环经济的发展尚处于起步阶段，健全与完善 EPR 制度，对于促进循环经济的发展，改变传统经济发展模式，实现经济社会的可持续发展都具有重要意义。第一，中国废旧产品尤其是报废电子产品进入了淘汰高峰期，如电视、洗衣机、冰箱、空调、计算机五大件每年的淘汰量均在 2000 万台以上。如果这些"电子垃圾"得不到有效的回收与处置，将会对环境造成极大的危害，而这仅仅依靠政府发挥环境治理职能是不够的，企业作为产品的制造者也应该承担起生态责任和社会责任。第二，发达国家基于 EPR 制度，逐步建立起国际"绿色贸易壁垒"，如欧盟 2003 年通过的 WEEE 指令明确要求，电子电气设备的生产者负责自己产品产生的废弃物的管理费用，中国企业要打开海外市场，必须与国际接轨，提高 EPR 意识。第三，中国长期以来缺乏一种有效的废旧产品回收模式，长期由走街串巷的小贩担当废旧产品回收主力军，废旧产品的回收利用基本处于无序状态，很不规范，亟须借助 EPR 制度，通过政府与市场合力推动，创新与规范废旧产品回收处理模式。第四，通过 EPR 制度的建立，将生产者引入回收处理体系中，有利于激励生产者在产品的源头设计端充分考虑产品废弃后的回收和处理过程的资源再生利用及环境保护等问题，进而鼓励生产者实施生态设计，提高产品全生命周期的环境绩效。第五，EPR 制度的建立有助于弥补产品消费后的环境责任缺失，为个人和公众环境权益提供法律保障。

总体来看，EPR 制度的建立对创新与规范中国废旧产品回收处理体系，实现废旧产品的有效回收和综合利用，促进我国构建资源节约型、环境友好型社会，推动生态文明发展具有重要意义，在相关废旧产品领域建立 EPR 制度已迫在眉睫。

1.2 EPR相关研究概述

EPR 理论自概念提出、形成和发展，虽仅有 20 多年的历史，但发展非常快，目前已经形成了较为完善的理论体系。近年来，伴随着 EPR 实践在越来越多的国家开展，关于 EPR 理论的研究已被广泛展开。

1.2.1 EPR本质的相关研究

1. EPR的概念与功能

EPR 的思想最早可追溯至瑞典政府于 1975 年颁布的《关于废物循环利用和管理的议案》。该议案规定："从环境保护和资源节约的角度来看，制造商对生产过程中所产生的废弃物应采取适当的方式进行处理，并在产品生产之前就应考虑生产过程中以及产品使用后所产生的废弃物与废弃产品应该如何被处理。"该议案强调生产者要在整个生命周期内对产品的环境影响负责任，学者们一般将其视为 EPR 思想的萌芽[9]。

1988 年，瑞典隆德大学的环境经济学家托马斯教授在给瑞典环境署提交的一份报告中，首次使用了 EPR 这一名词，并于 1990 年向瑞典环境与自然资源部提交的一份报告中正式提出 EPR 的概念。托马斯将 EPR 定义为一项环境保护战略，旨在降低产品对环境的影响，它要求生产商在整个产品生命周期内对产品带来的环境影响负责，特别是通过承担废弃产品的回收、循环再利用和最终处置的责任，以降低废弃产品对环境的影响[1,10-11]。托马斯教授提出的 EPR 概念在全世界范围内得到了广泛的关注，它从理论上填补了产品责任体系报废后产品社会责任的空白，确定了废物回收处理处置再循环利用的责任主体，但是托马斯对 EPR 的界定较为宽泛，在具体实施过程中面临很大的困难。2000 年，托马斯对 EPR 定义进行了修正，认为 EPR 是将产品制造商的责任延伸到产品整个生命周期的各个阶段，特别是产品回收、循环及最终处置阶段，EPR成为改进产品系统整个生命周期环境绩效的一种政策原则[12]。

Wilt等认为EPR关注的是产品系统而不是生产设施，强调产品的制造商和进口商要对其产品在整个生命周期的环境影响承担责任，包括上游阶段的原材料选取、中游阶段的产品生产过程，以及下游阶段的产品使用与处置给环境带来的影响，为此生产者在设计阶段就要考虑如何使产品在整个生命周期内对环境产生的影响达至最小，同时对于无法通过设计来消除的环境影响承担相应的法律责任与经济责任。Wilt等从生产者责任的范围与类型的角度对EPR概念进行了阐述，突出了生产者在整个生命周期各个环节的环境责任[13]。Reijnders强调生产者要对产品废弃后的环境影响负有责任，将生产者的环境责任由"生产过程中所产生的废弃物"延伸到"产品使用后的废弃产品"[14]。

EPR提出后，引起了世界范围内的广泛关注和探讨，一些国家与国际机构对EPR的概念进行了修改与完善，并迅速将其写入立法中。1998年，OECD在《EPR框架报告》中对EPR进行了阐释，认为EPR是指产品的生产商和进口商必须对其产品在整个生命周期中的环境影响，负大部分责任，包括原材料选取和产品设计的上游影响、生产过程的中游影响，以及产品消费后回收处理、处置的下游影响。由于该定义对生产者责任范围的界定过于宽泛，2001年OECD在《EPR：政府工作导则》中，对EPR进行了修正和完善，将其定义为一项环境政策，生产者对于其产品所负的责任（物质和/或财务责任）扩大到产品生命周期的消费后的废弃物处置阶段。其具有两个相互关联的特征：一是将产品废弃物的处置责任全部或部分从市政当局手中上移至产品原来的生产者那里；二是激励产品生产者在产品设计时将产品的环境影响考虑进去[2,15-16]。

欧盟的研究并不直接针对EPR，而是从宏观角度研究对产品整个生命周期进行环保控制，欧盟从1997年开始致力于对"综合性产品政策"（integrated product policy, IPP）的研究，欧盟的IPP内容包含了EPR的理念，EPR制度是IPP的一个主要内容。欧盟已通过WEEE指令、RoHS指令等。这些指令都以EPR为基础，从中可看出欧盟对EPR的界定：是指生产者必须负责产品使用完毕后的回收、再生和处理，其将产品废弃阶段的责任完全归于生产者。欧盟的策略是将产品的回收、再生和废弃处理的责任完全归于产品的生产者。欧盟认为，生产者对产品的设计、原材料的使用拥有控制权，因为产品的生产者应该对产品使用之后的回收、再生和废弃处置承担责任，以迫使生产者在对产品的设计和原材料的选择上更加慎重[17-18]。

美国在 EPR 的思想基础上，根据本国国情对其做了修订，美国学术界和联邦政府的政策导向是采用"产品延伸责任"（extended product responsibility）的概念。1996 年，美国可持续发展总统委员会（PSCD）将 EPR 定义为"一种新兴的实践模式，它考虑从设计到处置的产品整个生命周期，识别资源节约与污染预防的机会。在生产者责任延伸制的基础上，产品及废弃物的环境影响的责任将由制造商、供应商、用户及处置单位共同承担。EPR 的目标是识别最有能力降低某一产品环境影响的责任主体，可能是原材料的制造商，也可能是最终用户"。1997 年，美国国际贸易委员会（U.S. Council for International Business）将这一概念直接称作"生产者分享责任"（shared producer responsibility），即由产业链上的所有主体共同承担责任并发挥各自作用，使那些对产品生命周期每一阶段的关键性决策具有影响的主体或环节承担责任[4,19]。

中国《循环经济法》将 EPR 定义为：生产或者进口被列入强制回收名录的产品和包装物的企业，必须在产品报废和包装物使用后对该产品和包装物负责回收；对于其中可以利用的，由该企业负责利用；对于目前经济技术条件下不能利用的，由该企业负责无害化处理。此外，国内学者也对生产者延伸责任进行了解读，就该概念也存在较大的争议：一种认为 EPR 就是生产者对其所生产的产品在被废弃后的回收利用及处置承担责任；另一种则认为，将 EPR 局限于废弃物回收处置阶段，是一种紧缩性的解释，它不符合生产者延伸责任的真正内涵，也不符合中国的立法实践，而应将其做扩张化解释，即 EPR 是要求生产者对其产品在整个生命周期过程中的环境影响承担责任[20-21]。

EPR 这一概念结合了"预防优先""源头消减""产品生命周期"等先进的废弃物管理理念，迅速在全球得到推广。EPR 的提出最初是基于两个功能：一是减轻政府部门废弃物管理的财政负担；二是激励生产者减少原料投入、使用更多的二次材料(secondary materials)，以及承担产品设计上的改变以减少废弃物排放[15]。Rossem 等认为，EPR 是间接地考虑到产业上游环境问题对下游的影响，可以促使企业在设计阶段就考虑其可循环性方面的证据[22]。鲍健强等认为，EPR 的建立旨在规定生产者要承担环境保护的社会责任，使废弃产品回收处置实现市场责任化和成本最小化；同时构建逆向物流回收系统，发展静脉产业[20]。董正爱认为，EPR 具有循环经济发展的导向功能、和谐社会建设的保障功能和生态文明的传递功能[23]。因此，尽管 EPR 主要是针对产品消费后的废弃物管理问题，但是也涉及了从产业上游就开始控制废物产生的责任。

总之，由于 EPR 的理论探索与立法实践都处于发展阶段，目前并没有统一的 EPR 定义；同时，针对不同国家的立法背景、不同的国情和不同的产品，实施生产者延伸责任的侧重点也不同，这就导致不同国家和国际组织对 EPR 概念有不同的理解，也导致 EPR 又被称为产品延伸责任（extended product responsibility）、产品监护责任（product guardianship, product stewardship）、生产者后责任（latter producer responsibility）、产品和生产者延伸责任（extended product and producer responsibility）等[24-25]。概括起来，以欧盟为代表的研究派别强调生产者在整个产品生命周期的"延伸责任"，更侧重于界定责任主体，在产品链条各主体中突出强调"生产者"对于废旧产品的回收和再循环利用责任，从而迫使追求利润最大化的生产者在产品生命周期的起始阶段考虑其可循环性，从而达到节约资源、减轻环境压力的目的。而以美国为代表的研究派别对于废旧产品问题的解决思路是"分享责任"，强调由产品链条上的所有相关主体——制造商、进口商、分销商、消费者及处置者共同承担产品废弃后的环境绩效责任，在实践中倾向于各主体的自愿性而非强制性，缺少对相关主体的法律约束力，结果可能导致生产者失去对产品设计和原料选择的压力和动力，无法从源头解决问题。然而，无论"延伸责任"派别还是"分享责任"派别，其对 EPR 的认识已经由一项单纯解决产品消费后阶段固体废物污染环境问题的环保措施，逐步完善为一项对产品整个生命周期全过程控制的清洁生产政策。

2. EPR 对生产者责任的界定

EPR 的"责任"界定是 EPR 开展的关键。1992 年，托马斯提出了描述生产者延伸责任不同责任形式的模型（图 1.1），将 EPR 的责任分为五种类型：①环境损害责任（environment liability），即生产者承担其产品使用过程中对人身、财产的损害赔偿责任，由于这属于环境民事侵权的范畴，并且生产者延伸责任的宗旨在于防止产品废物对环境的潜在威胁和促进资源的循环利用，所以几乎没有任何国家和国际组织将赔偿责任考虑在内；②经济责任（economic responsibility），指生产者将支付所有或部分费用，如支付其生产出来的产品的回收、再循环和最终处置的费用；③物理责任（physical responsibility），生产者不仅负有产品废物回收、再生和处置的责任，还在产品的原材料选择、生产工艺、使用方法等环节将产品废物的回收、再生和处置考虑在内；④所有权责任（ownership responsibility），生产者还可能在产品的整个生命周期保留产品的所有权，并因此和产品的环境问题联系起来，从而对产品的环境问题承担责任；

⑤信息披露责任（informative responsibility），指生产者有义务向消费者，废物回收、再生和处置者提供其产品生命周期所有阶段对环境产生影响的信息，并说明产品包含的有害物质的成分及最佳处置方法[10-11]。

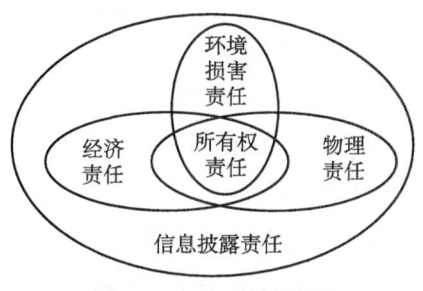

图1.1 EPR责任模型

OECD在《EPR：政府工作导则》中基本沿用了托马斯提出的五种责任内容，但特别强调了其中的物理责任和经济责任。其中，物理责任强调生产者负有产品使用期后(消费后阶段)的直接或间接的废旧产品的管理责任，包括对废旧产品的回收、拆解、再利用及最终无害化处置；经济责任强调生产者需要承担其废旧产品的全部或部分回收处理费用，包括废旧产品的回收、分类、拆解与处置费用[2]。

EPR突破了传统的生产者责任和传统法学理论中的生产者仅承担产品质量责任、污染防治责任的框架。它通过生产者责任的延伸，将生产者在产品生命周期各个阶段所需承担的责任有机地联系起来[26]。延伸责任是针对资源环境的生产者责任的扩展，将产品报废阶段的环境管理成本的负外部性内部化为生产者的生产成本的机制。因此，EPR针对的是废旧产品的处理责任问题，它要求生产者必须承担产品使用完毕后的回收、再生或弃置责任。这种责任可是生产者承担废旧产品的实际回收处置责任，也可是生产者承担废旧产品回收处置费用责任，即生产者可采用付费的方式，将EPR下生产者的责任转让给第三方。

1.2.2 EPR制度的相关研究

通观国内外关于EPR的相关文献发现，许多学者将EPR等同于EPR制度。事实上EPR制度的含义也并不等同于EPR的含义。制度经济学家认为，所谓"制度"或"制度安排"，是指对人的行为具有约束力的所有规则。制度通过提供一系列的规则以界定人们的选择空间，约束人们之间的关系，从而减少环境中的不确定性和交易费用,进而保护产权,增进生产性活动[27]。EPR制度作为一种正式法律制度,属于"人们有意识地创造的一系列政策法规",实质上就是一系列法律规范。一般认为,国家用一系列法律规范规定生产者必须承担延伸责任,把延伸责任上升为生产者的法律义务。目前,学者们基于经济外部性(环境经济)、企业环境责任、清洁生产与产品生命周期、循环经济等相关理论,对EPR制度实施条件、EPR制度与制造商行为影响、EPR制度的机制设计等问题进行了较为广泛的研究。

1. EPR制度实施条件的相关研究

自EPR概念提出以来,探讨EPR制度的实施条件,是政府与学术界关注的首要问题。Wiesmeth等探讨了EPR制度开展的经济条件问题,认为可行的EPR制度应该以经济为原则,并将其与技术发展相结合[26]。Forslind研究了EPR制度的实施,政府应提供何种程度的经济激励和财政支持,认为EPR制度产生了两类责任:消费者有责任交回废旧产品和生产者有责任进行废旧产品管理与处置,而EPR制度往往认为消费者在没有经济激励的情形下会履行他们的责任,导致EPR制度失效[28]。Niza等建立了EPR制度的运作框架,指出了EPR制度关键的实施条件:需建立有效的回收、运输与资源化网络;需完善废弃物管理的环保成效,包括有机废弃物的处置问题;需建立有吸引力的执行废弃物市场[29]。Dubois研究了EPR制度中经济理论与实施的"鸿沟",建立了经济模型,以评价欧盟EPR系统的有效性[30]。Mayers等研究了欧洲EPR制度开展的战略、融资与制度设计措施[31]。

2. EPR制度对制造商行为影响的相关研究

EPR制度的实施对生产者尤其是制造商的行为会产生重要影响。Tojo通过对日本和瑞典的21家制造商的调研发现,EPR的相关法律规定为这些电子电器设备制造商及汽车制造商提供了具有环保意识的产品设计的激励的影响,例如,NEC、Fujitsu和Sony等电子产品制造商已经开始使用更易回收的镁合金代替计算机、电视的塑料外壳;NEC、Fujitsu等公司还采用模块化的设计以方便构件的再利用。他还通过对这些企业进行访谈后指出,由于预料到欧盟生产者责任的相关立法会越来越严格,企业开始有意识地超前考虑产品循环再利用问题[32]。Subramanian等对EPR政策对耐用品的设计和供应链的协调所带来的激励作用进行了研究,通过对供应链协调给制造商设计选择和利润带来的影响进行分析,讨论了EPR政策如何通过影响耐用品客户在产品使用过程中和产品使用后的成本,来激励制造商进行有利于环境的产品设计[33]。

3. EPR 制度机制设计的相关研究

如何设计科学与具有可操作性的 EPR 制度，是学者们研究的核心。一个有效的 EPR 制度工具，不能仅仅体现在其环境绩效方面，即对废弃物减少所带来的激励作用，还要体现在其经济绩效方面。制度设计体现在多个方面，如 EPR 制度下回收模式的选择、激励机制的设计等。

在现有的文献中，很多学者从不同视角对废旧产品回收问题展开了研究。Spicer 等提出了在 EPR 政策约束下制造商的三种回收模式，即制造商回收模式、联营回收模式和第三方回收模式，并指出以制造商的环境绩效为目标，制造商回收模式可能是最优的选择[34]。Fleischmann 等通过对 IBM 公司的租赁到期产品，以及对环境有污染元器件的回收情况进行研究，认为联营回收模式是最为经济的[35]。Lieb 认为，第三方回收处理模式将日益流行，因为该种模式下制造商将有更多机会关注自身企业的核心能力[36]。Kannan 等从废旧产品数量、特点、公司核心竞争力、客户服务、公司对逆向物流链条的控制力等影响因素出发，综合考虑回收模式的选择，提出了一个定性决策模型[37]。Atasu 等对比了集体生产者责任（CPR）和个体生产者责任（IPR）下的回收模式，认为单独生产者责任更有利于激励生产者实施产品可回收设计制度[38]。赵秀堃等研究了 EPR 制度背景下的供应链系统中主体决策影响因素和治理机制的融合问题，构造了个体生产者责任（IPR）模式下的非合作博弈模型和集体生产者责任模式下的合作博弈模型，分别得出了个体生产者责任和集体生产者责任模式下企业污染治理技术的最佳决策[39]。此外，Savaskan 等从再制造的角度比较零售商回收、第三方回收和制造商回收三种模式下的回收策略[40]；黄祖庆等研究第三方负责回收的再制造闭环供应链决策结构的效率与收益问题[41]；黄宗盛等分析了制造商负责回收和零售商负责回收下的最优控制策略[42]；Huang 等比较零售商和第三方回收商的双渠道回收闭环供应链模型，认为双回收渠道优于单回收渠道[43]。

在 EPR 激励政策设计方面，Calcott 等指出在循环再生利用市场失灵和可循环性不可观测的情况下，政策工具只能达到次优结果，即依据制造商产品是否被再生利用加工企业所回收而征税，同时对再生利用加工企业进行补贴，由于再生利用加工企业愿意回收的事实意味着制造商产品必须满足一个临界的可循环性[44]。Mitra 等根据生产商和再制造商的博弈模型比较分析了政府给予生产商补贴、给予再制造商补贴、同时给予两者补贴三种情形下政府补贴对再制造活动的重要性[45]。Aksen 等分别建立了政府的支持性补贴模型和立法性补贴模型，得出在相同回收率和收益率的目标下前者需要政府提供更多的补贴的结论[46]。Lifset等认为个体生产者责任是一种让每个生产者为自己品牌的产品承担其生命周期末端的处理成本的制度，它能够激励生产者在产品生命周期的始端改进产品的设计，增加污染治理技术的投入[47]。曹柬等基于EPR制度的政府与制造商激励契约设计，基于制造商逆向选择和道德风险并存的状况，以制造商的再制造率和努力程度为不对称信息，设计政府对制造商的激励契约，讨论了EPR制度实施不同阶段中各类因素对政府期望收益的影响[48]。吴怡等对EPR制度进行了基于主-对象-过程模型（SOP模型）的理论建构，并结合理论所揭示的该制度的本质特征，梳理了制度的系统激励要素，从制度适用性激励、责任推进性激励和实施策略性激励三个维度建立了EPR制度的激励机制模型[49]。计国君等运用两阶段序贯决策博弈研究最优的回收水平、回收产品目录的分类、政府对处理行为的社会化监管与激励等问题[50]。白少布等通过引入废旧产品回收对产品销量的影响因子概念，建立了EPR政策约束下制造商和零售商之间的委托代理激励契约模型，分析了制造商和零售商之间形成的产品供销和回收委托代理关系；制造商可以通过委托代理契约的合理设计来激励零售商进行废旧产品的回收，并实现双方利润的最大化；消费者环保意识不仅会使消费者对制造商的新产品和再生产品存在着需求的差异性，还会对制造商的环保努力带来不同的压力[51]。王玉燕认为，当消费者的环保意识较薄弱时，对制造商实施闭环回收模式（即制造商自己回收或委托零售商、第三方回收商回收）具有较强的激励作用；而当消费者的环保意识较强烈时，对制造商实施外包回收模式（即制造商将回收责任外包给第三方再制造商）具有较强的激励作用，并且外包回收模式更有利于提高废旧产品的回收量[52]。此外，马卫民等研究以旧换新补贴对具有不同等级产品闭环供应链的影响[53]；Giovanni等研究了闭环供应链中的废旧产品外包策略问题[54]；白少布等[55]探讨制造商和零售商激励契约问题；王文宾等[56, 57]分析政府奖惩机制下的制造商废旧产品回收决策问题，并比较了基于回收率与回收量的奖惩机制对产品回收的影响。

4. EPR制度实施成本与责任分摊的相关研究

在回收费用与责任分摊方面，Jacobs等着重研究供应链中的供应商和制造商之间的回收责任分担问题，就整个供应链中产品回收责任分担问题，重点强调在供应链当中每个参与者均有废弃产品回收的责任[58]。Walls等考察了产品生命周期多种环境外部性情况下的政策选择问题，当所要处理的外部性不限于产品消费后产生的废弃物，而且同时包含制造商生产过程污染排放时，既可以采用分别针对每种环境外部性的"单独"治理方式，也可以采用面向整个生产系统的一体化治理方式；并认为尽管对每种外部性都单独征收一个"庇古税"的"单独"治理方式是可行方案之一，但一体化的治理方式比"单独"治理方式更适合处理高监控成本的情况[59]。Rahimifard 等认为 EPR 制度的实施应该注重产品设计和终端处理的集成，并加强回收技术的改进和自动化水平的提高，通过建立一个可持续商业模式引导下的回收服务价值链[60]。Subramanian 等认为成本控制得越好，越能有效地促进 EPR 制度实施[61]。李勇建等研究考虑了租赁返回产品的库存、再制造，以及新产品生产计划和协调问题，其中租赁商负责租赁并回收产品，制造商生产新产品，同时制造商和租赁商共同刷新再制造租赁到期返回产品[62]。黄位旺等考虑在面对上游 EPR 政策和下游的"庇古税"等环境规制约束下，制造商如何进行生态设计和生产决策，在此基础上运用生命周期评价方法求解社会福利最大时的最优政策组合水平[63]。此外，刘慧慧等讨论了正规回收渠道和非正规回收渠道各自的回收处理途径和赢利模式等问题[64]。

1.2.3 文献评述

从已有研究来看，虽然学者们对于 EPR 的概念、生产者所要承担的责任范围还存在一定的争议，但对于 EPR 的目的与本质已经基本达成共识，即 EPR 本质是一项政策原则，其根本目的在于通过让生产者承担整个产品生命周期内的环境责任，尤其是承担生命周期末端废弃物的处置责任，来激励生产者在上游设计阶段就为废弃物的减少做出努力。这些研究成果为本书研究 EPR 制度的理论与实践提供了重要的理论基础与实践经验。有关 EPR 本质与制度的研究，从不同角度揭示了 EPR 制度的实施条件与运行机理，对于 EPR 制度的设计与选择具有很强的指导意义，也为本书 EPR 实践在中国开展提供了理论基础。

现有研究成果初步形成了 EPR 的理论框架，为本书的研究提供了重要的理论线索和研究范式，也为中国 EPR 制度设计与实践开展提供了支撑。本书基于已有的 EPR 相关研究，进一步拓展和深入研究 EPR 制度如何与中国国情相结合，形成与中国废旧产品回收与处置现状相适应的 EPR 制度体系，从而为更好地设计科学与行之有效的 EPR 制度，建立起规范、有效与有序的废旧产品回收与资源化网络体系，推动中国资源节约型、环境友好型社会的构建，推动中国生态文明建设的发展提供参考和借鉴。

参考文献

[1] Lindhqvist T, Lifset R. What's in a name: Producer or product responsibility[J]. Journal of Industrial Ecology, 1997, 1(2): 6-7.

[2] OECD. Extended Producer Responsibility: A Guidance Manual for Governments[M]. Paris: OECD Publishing, 2001.

[3] Cahill R, Grimes S M, Wilson D C. Extended producer responsibility for packaging wastes and WEEE: A comparison of implementation and the role of local authorities across Europe[J]. Waste Management & Research, 2011, 29(5): 455-479.

[4] Nash J, Bosso C. Extended producer responsibility in the United States: Full speed ahead[J]. Journal of Industrial Ecology, 2013, 7(2): 175-185.

[5] Gardner P. Extended producer responsibility for packaging and printed paper in the United States[J]. Journal of Industrial Ecology, 2013, 17(2): 170-171.

[6] Mayers K, Butler S. Producer responsibility organizations development and operations: A case study[J]. Journal of Industrial Ecology, 2013, 17(2): 277-289.

[7] Bury D. Canadian extended producer responsibility programs: The shift from program roll out to program performance[J]. Journal of Industrial Ecology, 2013, 17(2): 167-169.

[8] Hickle G T. Comparative analysis of extended producer responsibility policy in the United States and Canada [J]. Journal of Industrial Ecology, 2013, 17(2): 249-251.

[9] 田海峰. 基于产业链视角的 EPR 政策激励机制与有效性研究 [D]. 东北大学博士学位论文, 2013.

[10] Lindhqvist T, Lifset R. Getting the goal right: EPR and DfE[J]. Journal of Industrial Ecology, 1998, 2(1): 6-8.

[11] Lindhqvist T. Extended producer responsibility in cleaner production: Policy principle to

promote environmental improvements of product systems[D]. Lunds Universitet Doctoral Dissertation, 2000.

[12] Lindhqvist T, Lifset R. Can we take the concept of individual producer responsibility from theory to practice[J]. Journal of Industrial Ecology, 2003, 7(2): 3-6.

[13] Wilt C A, Davis G A. Extended Producer Responsibility: A New Principle for a New Generation of Pollution Prevention[M].Knoxville：University of Tennessee, Center for Clean Products and Clean Technologies, 1995.

[14] Reijnders L. Policies influencing cleaner production: The role of prices and regulation[J]. Journal of Cleaner Production, 2003, 11(3): 333-338.

[15] OECD. Economic Aspects of Extended Producer Responsibility[M]. Paris: OECD, 2004.

[16] OECD. Analytical Framework for Evaluating the Costs and Benefits of Extended Producer Responsibility Programmes[M]. Paris: OECD, 2005.

[17] European Commission. Impact Assessment WEEE. SEC/2008/2933. Brussels, Belgium: European Commission,2008.http://eur-lex.europa.eu/LexUriServ/LexUriServ.do?uri= uri=S EC:2008:2933:FIN:EN:PDF[2016-1-20].

[18] European Parliament and Council of the European Union. Directive 2000/53/EC of the European parliament and of the council of 2000 on end-of-life vehicles[J]. Official Journal of the European Communities, 2000, 21(10): 269-286.

[19] 曹平，尤海林. 国外生产者责任延伸制度及其启示 [J]. 创新 , 2013, 7(47): 76-81.

[20] 鲍健强，翟帆，陈亚青. 生产者延伸责任制度研究 [J]. 中国工业经济，2007，(8)：98-105.

[21] 胡苑. 生产者延伸责任：范畴、制度路径与规范分析 [J]. 上海财经大学学报，2010，12(6)：42-49.

[22] Rossem C V, Tojo N, Lindhqvist T. Extended Producer Responsibility: An Examination of Its Impact on Innovation and Greening Products[R]. Report Commissioned by Greenpeace International, Friends of the Earth and the European Environmental Bureau (EEB), 2006.

[23] 董正爱. 循环经济视阈下的生产者责任延伸制度解构 [J]. 中国软科学，2010,(S2): 166-173.

[24] Panate M. Network management and environmental effectiveness: The management of end-of-life vehicles in the United Kingdom and in Sweden[J]. Journal of Cleaner Production, 2008, 16(18): 2006-2017.

[25] Pires A, Martinho G, Ribeiro R, et al. Extended producer responsibility: A differential fee model

for promoting sustainable packaging[J]. Journal of Cleaner Production, 2015, 108 (5) : 343-353.

[26] Wiesmeth H, Häckl D. How to successfully implement extended producer responsibility: Considerations from an economic point of view[J]. Waste Management & Research, 2011, 29(9): 891-901.

[27] 卢代富. 企业社会责任的经济学与法学分析 [M]. 北京：法律出版社, 2002:100.

[28] Forslind K H. Implementing extended producer responsibility: The case of Sweden's car scrapping scheme[J]. Journal of Cleaner Production, 2005,13 (5): 619-629.

[29] Niza S, Santos E, Costa I, et al. Extended producer responsibility policy in Portugal: A strategy towards improving waste management performance[J]. Journal of Cleaner Production, 2014, 64 (2): 277-287.

[30] Dubois M. Extended producer responsibility for consumer waste: The gap between economic theory and implementation[J]. Waste Management & Research,2014, 30(9): 36-42.

[31] Mayers K, Lifset R, Bodenhoefer K. Implementing individual producer responsibility for waste electrical and electronic equipment through improved financing[J]. Journal of Industrial Ecology, 2013,17(2): 186-198.

[32] Tojo N. Extended Producer Responsibility as a Driver for Design Change: Utopia or Reality?[M]. Saarbrucken: VDM Verlag Dr Mueller EK, 2008.

[33] Subramanian R, Gupta S, Talbot B. Product design and supply chain coordination under extended producer responsibility[J]. Production and Operations Management, 2009,18(3): 259-277.

[34] Spicer A J, Johnson M R. Third-party demanufacturing as a solution for extended producer responsibility[J]. Journal of Cleaner Production, 2004, 12(1): 37-45.

[35] Fleischmann M, Nunen J A E, Grave B. Integrating closed-loop supply chains and spare-parts management at IBM[J]. Interfaces, 2003, 33(6): 44-56.

[36] Lieb R C, Randall H L. CEO perspectives on the current status and future prospects of the third-party logistics industry in the United States[J]. Transport Logistics, 1996, 1(1): 51-66.

[37] Kannan D, Diabat A, Alrefaei M, et al. A carbon footprint based reverse logistics network design model [J]. Resources, Conservation and Recycling, 2012, 67(10): 75-79.

[38] Atasu A, Subramanian R. Extended producer responsibility for E-waste: Individual or collective producer responsibility[J]. Production and Operations Management, 2012, 21(6): 1042-1059.

[39] 赵秀堃, 李勇建, 石丹. 基于 EPR 的供应链治理机制博弈分析 [J]. 系统工程学报, 2015, 30(2): 231-240.

[40] Savaskan R C, Bhattacharya S, van Wassenhove L N. Closed-loop supply chain models with product remanufacturing[J]. Management Science, 2004, 50(2): 239-252.

[41] 黄祖庆，易荣华，达庆利. 第三方负责回收的再制造闭环供应链决策结构的效率分析[J]. 中国管理科学，2008, 16(3): 73-77.

[42] 黄宗盛，聂佳佳，胡培. 基于微分对策的再制造闭环供应链回收渠道选择策略[J]. 管理工程学报，2013, 27(3): 93-102.

[43] Huang M, Song M, Lee I H, et al. Analysis for strategy of closed-loop supply chain with dual recycling channel[J]. International Journal of Production Economics, 2013, 144(2): 510-520.

[44] Calcott P, Walls M. Waste, recycling, and "design for environment": Roles for markets and policy instruments[J]. Resource and Energy Economics, 2005, 27(4): 287-305.

[45] Mitra S, Webster S. Competition in remanufacturing and the effect of government subsidies[J]. International Journal of Production Economics, 2008, 111(2): 287-298.

[46] Aksen D, Aras N, Karaarslan A G. Design and analysis of government subsidized collection systems for incentive dependent returns[J]. International Journal of Production Economics, 2009, 119(2): 308-327.

[47] Lifset R, Lindhqvist T. Producer responsibility at a turning point[J]. Journal of Industrial Ecology, 2008, 12(2): 144-147.

[48] 曹柬，胡强，吴晓波. 基于EPR制度的政府与制造商激励契约设计[J]. 系统工程理论与实践，2013, 33(3): 610-621.

[49] 吴怡，诸大建. 生产者责任延伸制的SOP模型及激励机制研究[J]. 2008, (3): 32-39.

[50] 计国君，黄位旺. WEEE回收条例有效实施问题研究[J]. 管理科学学报，2012, 15(5):1-9.

[51] 白少布，刘洪. 基于EPR制度的闭环供应链协调机制研究[J]. 管理评论，2011, (12):156-165.

[52] 王玉燕. 政府规制下制造商实施EPR的模式研究[J]. 运筹与管理，2012,(01):226-232.

[53] 马卫民，赵璋. 以旧换新补贴对具有不同等级产品闭环供应链的影响研究[J]. 中国管理科学，2013, 21(5): 50-56.

[54] Giovanni P D, Zaccour G. A two-period game of a closed-loop supply chain[J]. European Journal of Operational Research, 2014, 232 (1): 22-40.

[55] 白少布，刘洪. EPR制度意义下制造商和零售商激励契约研究[J]. 中国管理科学，2012, 19(1): 102-110.

[56] 王文宾，达庆利. 奖惩机制下具竞争制造商的废旧产品回收决策模型[J]. 中国管理科学，2013, 21(5): 50-56.

[57] 王文宾，达庆利. 奖惩机制下闭环供应链的决策与协调 [J]. 中国管理科学, 2011, 19(1): 36-41.

[58] Jacobs B W, Subramanian R. Sharing responsibility for product recovery across the supply chain[J]. Production and Operations Management, 2012, 21(1): 85-100.

[59] Walls M, Palmer K. Upstream pollution, downstream waste disposal, and the design of comprehensive environmental policies[J]. Journal of Environmental Economics and Management, 2001, 41(1): 94-108.

[60] Rahimifard S, Coates G, Staikos T, et al. Barriers, drivers and challenges for sustainable product recovery and recycling[J]. International Journal of Sustainable Engineering, 2009, 2(2): 80-90.

[61] Subramanian R, Gupta S, Talbot B. Product design and supply chain coordination under extended producer responsibility[J]. Production and Operations Management, 2009, 18(3): 259-277.

[62] 李勇建，许垒. 租赁返回产品的回收再制造活动协调机制研究 [J]. 系统工程学报, 2012, 03:370-382.

[63] 黄位旺，计国君. 回收处理基金、回收市场与生态设计 [J]. 管理评论, 2013, 25(12): 42-49.

[64] 刘慧慧，黄涛，雷明. 废旧电器电子产品双渠道回收模型及政府补贴作用研究 [J]. 中国管理科学, 2013, 21(2): 123-131.

第 2 章
EPR 制度相关理论

随着人类社会和学术界对环境问题的认识逐步深刻，EPR 制度在欧美发达国家首先被提出来。本章将简明扼要地论述支撑这一制度的理论体系，从而使这一制度能够在实践中更好地与各地方的实际情况相结合，进一步推动 EPR 制度在中国实践的完善和丰富。

2.1 经济外部性理论

2.1.1 外部性的概念

外部性（externality）也称为外部效应，是经济行为主体的个体经济行为的外在影响，表现为私人成本和社会成本、私人收益与社会收益的不一致。1890年，马歇尔在其名著《经济学原理》中将产业生产成本作为产量函数时，首次引入"外部经济"这一术语[1]。外部性是一个经济主体的行为对另一个经济主体的福利所产生的外部影响，而施加这种影响的主体却没有为此付出代价或因此而获得补偿。由于这种影响并不是在有关各方以价格为基础的交换中发生的，所以，其影响是外部的。英国经济学家庇古将外部性分为正外部性与负外部性（外部经济性与外部不经济性），并运用边际分析方法，对外部性问题进行充实和完善，最终形成了外部性理论。前者是指一个经济主体的行为引起他人效用的增加而受益者并没有增加支出或成本；后者则是指一个经济主体的行为引起他人效用的减少而受损失者并没有得到补偿。无论是正外部性还是负外部性,其存在都意味着私人边际净收益与社会边际净收益存在差异,因而不能获得资源配置效率最优。市场在环境和自然资源的有效配置方面不能实现最优化被定义为市场失灵,其中一个主要原因就是不能把外部性反映在产品和服务的成本和价格中,使得那些并不直接参与市场交易或有关活动的当事人不得不承受这些外部效果。要解决市场失灵所导致的资源配置的低效率状态,关键在于实现环境外部性内在化[2]。

在一般情况下,只要任何外在一方受到活动的影响(无论是有害还是有利),我们就可以说,市场未能起到使社会福利最大的作用。对此,任何一种经济活动的边际社会效益(MSB)等于边际私人收益(MPB)之和加上边际外部收益(MEB)。同样,边际社会成本(MSC)等于边际私人成本(MPC)之和加上边际外部成本(MEC)。若市场交易双方的福利为最大,条件是边际私人收益等于边际私人成本:MPB=MPC,但是,社会福利最大化的条件是 MSB=MSC。企业的污染物排放是典型的负外部性,也即 MSC<MPB,由 MPB=MPC 可知,MSB<MSC。环境与自然资源经济学认为环境容量也是资源,对环境容量的利用不足或者过度使用,是资源配置的低效率或者无效率。决定环境容量有效利用(或者污染物有效排放)水平的两项关键因素是边际治理成本(MAC)和边际损害成本(MEC)。

由图 2.1 可见,MAC 曲线向右下方倾斜,表明治理成本随着排放水平的提高而减少;MEC 曲线向右上方倾斜,表明损害成本随着排放水平的提高而增加。治理成本与损害成本之和是社会总成本。损害成本表现为对社会的外部不经济性。最优的排污水平是总成本(总损害成本加总治理成本)最低的污染物排放量,其原理可以通过数学推导来说明。

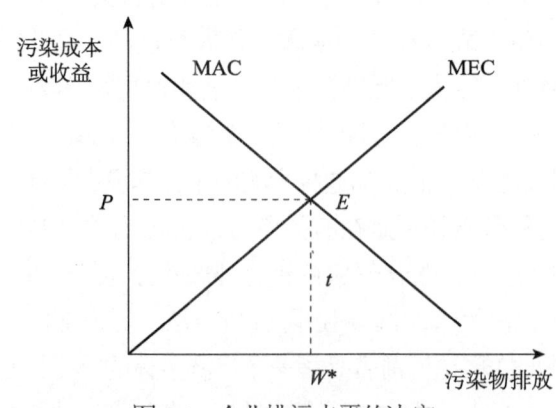

图 2.1　企业排污水平的决定

令 Q_c 为污染控制下的产值，Q_N 为无污染控制时的产值，则

$$Q_c = Q_N - TAC \tag{2-1}$$

式中，TAC 为总控制成本。

令有污染控制情况下环境所提供的服务的价值为 E_c，无污染控制情况下环境所提供的服务价值为 E_N，则

$$E_c = E_N - TEC \tag{2-2}$$

式中，TEC 为总外部成本。

污染控制下的社会总效益（TSB）为产值（Q_c）加上环境服务的价值（E_c）。

$$TSB = Q_c + E_c = Q_N - TAC + E_N - TEC = Q_N + E_N - (TAC + TEC) \tag{2-3}$$

式中，TSB 最大化等同于总成本最小化。因为污染（W）影响 TSB、TAC 和 TEC，所以可以对 W 求导，为使 TSB 最大化，需满足

$$-MAC = MEC$$

理想的排放水平和治理水平也就是图 2.1 的 E 点，此点又称为有效率的污染水平。在环境管制不严的情况下，企业出于追求利润最大化的动机，会提高排放水平，降低边际治理成本。此时，会出现比较高的损害成本和社会总成本。如果对企业进行严格的环境管制，此时排放水平虽然降低了，但是治理成本过高，也会造成比较高的社会总成本。因此，无论是管制不严还是过于严格，都会导致低效率的资源配置。当污染水平处于 E 点时，边际治理成本等于边际损害成本，社会总成本最小，资源实现有效率的配置。

2.1.2 外部性内部化的途径

从图 2.1 可以看出，要达到有效率的污染水平 E 点，可以通过横纵坐标的控制来实现，这就引出了企业环境污染控制（实现外部性内部化）的两类手段：①以市场为基础的经济手段，又称环境经济政策，如征收各种环境税费、取消对环境有害的补贴、抵押制度、绿色融资和信贷、绿色保险一系列手段，刺激排放者兼顾自身经济效益和环境目标，将企业排污的外部成本内部化，实现经济与环境的协调。②强制执行各类环境法规，又称命令控制型手段，如环境标准、污染物排放标准、必须执行的命令和不可交易的配额等，通过政府管制实现排放量的控制，这是横坐标的控制手段。由于现实经济运作过程中存在垄断、信息不对称等现象，且环境和自然资源具有公共物品特征，所以政府干预是必要的。

环境经济政策的目标是纠正环境问题的外部不经济性，使外部费用内部化。这一思想的具体体现就是"污染者付费原则"（Polluter Pays Principle）。1972年，OECD向成员国推荐了这一原则。这一原则的定义是"污染者应该承担由政府决定的控制污染所需的费用，以保证环境处于可接受的状态。换言之，在生产过程或消费过程产生污染的产品和服务的成本中，应当包括这些控制污染措施的费用"。根据如何发挥市场在解决环境问题上的作用，环境经济政策分为"调节市场"和"建立市场"两类。"调节市场"是利用现有的市场来实施环境管理，如征收各种环境税费、取消对环境有害的补贴、建立抵押金制度等。其核心思想是政府给外部不经济确定一个合理的负价格，由外部不经济的制造者承担全部外部费用（最新提出这一思想的是英国经济学家庇古，故又称庇古手段）。"建立市场"包括明晰产权、可交易的许可证、国际补偿机制等。其基本思想是1960年科斯在《社会成本问题》一文中提出的"科斯定理"，故又称科斯定理。庇古手段和科斯手段各有利弊，在其他条件不变的情况下，特别是环境收益相同的情况下，选择什么环境经济政策手段主要取决于边际管理成本和边际交易费用的大小，在实际运用中，这两类环境经济手段会根据政府工作效率和市场化程度进行采用，也可以将两类政策混合使用[2]。上述分析表明，在其他条件相同的情况下，庇古手段比命令控制型手段更有效率。鲍威尔-奥泰斯定理框架也对排污权交易政策手段和命令控制型手段进行了费用-效果的比较，结果也表明排污权交易手段更有效率。邹骥也提出在费用-效果优化的意义上，施行环境政策手段时，采用经济手段比采用规制手段更有效率[3]。

2.1.3 外部性与EPR制度

随着人类社会的发展和科学技术的不断进步，人类开发和利用资源的能力大大增强，同时生产规模扩大和消费水平提高，导致环境污染日益严重。大多数消费品（如汽车、电子电气产品）在生产和使用过程中，消耗资源与能源，造成环境影响，具有明显的负外部性。在分析这些产品的负外部性时，可以引入生产外部性（externality from producer）和消费外部性（externality from consumer）的概念。生产行为造成的外部性为生产外部性，生产者通过产品的市场交易实现价值并获得收益，消费者通过产品消费获得使用价值；但这些产品在废弃后产生的环境影响却造成他人的效用降低，是典型的负外部性。同时，由于一些产品含有有毒有害的重金属，甚至难以降解的有机污染物，废弃后的不当处理会产生严重的环境污染，这就产生了代际外部性。代际外部性是从时间维度上展开的外部性，其效应表现为上一代人或上几代人在生产和消费过程中造成的影响，使后代人为此付出或得到了额外的成本或收益，使不同代际在享受资源的机会上处于人为的不平等 [4]。

随着人类对环境污染问题理解的进一步深入，解决消费外部性和代际外部性也逐步纳入议事日程。欧美等发达国家基于长期的环境管理经验，提出了解决消费外部性和代际外部性的具有可操作性的制度设计——EPR 制度。EPR 的概念是由瑞典著名的环境经济学家托马斯于 1992 年提出的。托马斯认为，EPR 的目的在于降低产品在整个生命周期中的环境污染，它要求产品的生产者对产品整个生命周期中的各个环节负责，尤其是对产品被废弃后的回收处置环节负责。EPR 制度是基于经济外部性理论提出的"污染者付费原则"设计的一种新兴的环境政策工具。OECD 引入这一市场导向的环保政策工具，规定生产者对其引入市场产品的整个生命周期负责，尤其是产品被废弃后的回收、处理、资源化再利用直至最终处理过程。

以外部性理论为指导，政府可以在进行政策设计时，充分考虑生产这些具有消费外部性和代际外部性产品的行业的环境影响特点和各类型企业的特征，对于其所产生的污染规定明确的责任机制，而对于创新技术给予适当的保护，使得正负外部性在合理范围内内在化，充分利用市场机制推动生产者从产品设计开始考虑产品从制造到废弃处理全生命周期的环境问题，促进企业环境保护技术创新、使用和推广，由此对其他企业可以产生技术溢出效应。EPR 制度改变了先污染后治理的传统模式，强调从末端治理向源头控制的转变，通过明确生产者对废弃产品的管理责任，同时综合利用经济和法律手段来激励生产者进行绿色设计和清洁生产。

2.2 企业环境责任理论

2.2.1 企业环境责任的含义

企业环境责任是从企业社会责任（corporate social responsibility，CSR）中抽离出来的概念，是企业社会责任的一部分。企业环境责任是指企业在创造利润、对股东承担法律责任的同时，还要承担环境的责任。企业环境责任要求企业必须超越把利润作为唯一目标的传统理念,强调要在生产过程中对环境保护的关注,强调对环境的贡献。企业环境责任是企业为维持或改善自然环境秩序所承担的责任,也是企业社会责任的一个重要组成部分。因此,在探讨企业环境责任时,首先了解何谓企业社会责任是非常有必要的。

企业社会责任是企业对社会所负有或承担的一切责任的总和,具有非利润性、公共性与道德性等特点。自20世纪70年代起,企业利益相关者的范围逐渐扩大到因其行为而遭受环境恶化迫害的自然、受害者和潜在受害者(子孙后代),企业应承担的社会责任也扩大到对自然环境的保护,也被称为扩大的社会责任,即企业环境责任。

企业环境责任是要求企业在追求自身利益最大化的同时应在生产经营过程中贯彻以人为本的科学发展观,切实履行实施清洁生产、合理利用资源、减少污染物排放、充分回收利用等义务,并对外承担积极参与自然环境保护与污染治理的责任,最终实现人与自然、经济与社会的和谐发展。

2.2.2 市场经济体制下企业的环境管理行为

企业环境管理需要建立在对企业行为研究的基础上。企业作为市场经济的主体,需要在竞争中获得利润,而实施环境管理通常在短期内对企业意味着成本增加。因此,需要企业将环境保护责任作为企业社会责任的一个方面,即"在谋求股东利益最大化之外所负有的保护环境和合理利用资源的义务"。

在市场经济体制下,企业环境管理行为[5]可大致分为以下四类。

1. 消极的环境管理

企业在经济利益的刺激下不遗余力地降低成本,不重视或忽视环境问题。中小企业存在大量引发众多资源浪费、环境污染和生态破坏的问题。企业认为环境管理没有必要,处理环境问题倾向于回避问题或是将责任归罪于成本约束,而且企业环境管理态度不明确,使员工及管理人员对企业的环境问题及其后果处于不清楚状态,在环境管理中扮演"初学者"的角色。

2. 被动的环境管理

在政府日益严格的环保法律法规和标准及消费者对绿色产品需求日益增加的双重作用下,企业为了提高竞争能力,努力变革传统的粗放型生产经营方式,通过加强管理、改进技术等措施实现节能降耗和生产绿色产品的目的。企业在实现自身经济利益的同时,在一定程度上也不自觉地保护了环境。企业环境管理的目标主要是避免违反现行环保法规,该类企业一般建立了有中层管理人员负责的内部环境控制措施，并使全体员工了解企业的环境计划，属"救火员"角色。

在上述两个阶段中，企业环境管理的指导思想是"末端控制"。在这种思想的指导下，企业也就选择了末端治理的发展模式，主要是对其生产过程中产生的污染物进行治理和综合利用，满足于末端污染物的达标排放。这种发展模式没有从根本上杜绝环境问题的产生，在企业的污染源仍然存在的情况下，一方面花费大量人力、物力和财力去治理已产生的污染，同时又不断产生新的污染，使治理成为企业和国家的一个巨大负担。末端治理不仅基建投资大、运行费用高、产品成本加大，而且更主要的是末端处理一般都是生产过程中的一种额外负担，经济上投入大，而短期内很少有产出，与企业追求经济效益的目标相矛盾，这是造成企业污染防治与企业生产难以有效结合的主要因素。

3. 防范和协调的环境管理

企业从简单地遵守法规转移到注重公众环境意识和保护其外部环境免受侵害上，企业的管理者要预期未来的环境法规、环保技术及公众环境意识等可能发生的变化，主要目标是在公众觉察和外部条件变化之前，努力降低污染水平，以减少潜在环境风险的发生；同时，企业把环境风险评估和法规追踪纳入企业管理体系，其高级管理人员有意愿利用环境管理和策略来促进企业组织变革和技术创新，视环境管理为一项有价值的功能而且有良好的环境形象，属"好公民"角色。

企业环境管理的指导思想是"预防为主"。企业逐渐认识到，环境要素是互相联系的一个整体，孤立地防止某一环境要素的污染并不能从根本上解决问题，而且环境问题本身的特点决定了生态环境一旦受到破坏，要恢复正常是很困难的，环境受到污染，治理需要很长时间，而且治理所花费的费用往往比预防花费的费用高出许多倍。据计算，预防污染费用与事后治理费用的比例是1∶20，因此必须采用以预防为主和综合治理的环境管理，在管理措施上逐渐从消极地控制污染转向积极地预防。

4. 积极的环境管理

一些企业，特别是大企业认识到企业的可持续发展与整个社会、环境可持续发展一致，为了达到企业可持续发展，主动承担起企业社会责任。先进的企业环境管理体系成了一个企业能否持续发展的基本条件和重要标准，也成了企业自身发展的内在追求。

可持续发展给予了企业竞争力新的内涵，随着建立有利于环境保护的资源节约型生产方式和消费模式的新思想逐渐被政府和广大群众所接受，并强有力地影响和改变市场方向,过去的质量、成本、时间、服务四维复合竞争模式已被质量、成本、时间、服务、环境的五维竞争新模式所取代。企业用"生态环境效率"来描述在经济上有效生产或提供有用的商品及服务,在生态上不断减少资源消耗和环境污染的企业行为模式。企业是企业环境管理中的"领先者",采取主动措施和清洁生产技术及产品生命周期生态化管理来预防和减少环境破坏,力争使其产品对环境的负面影响最小化,从而利用其环境管理能力获得竞争优势。

2.2.3 企业环境责任理论与EPR制度

韦恩(Winn)和鲁姆(Roome)指出,环境管理是指就产品、制造流程和组织,对实体的、生态的和文化系统的冲击进行管理[6]。克拉森(Klassen)和麦克劳林(McLaughlin)则认为,环境管理是在整个生命周期内(从生产过程、市场营销、产品运输和使用、顾客服务到产品消费后的处理等),把企业产品的环境负面影响减少到最低的努力程度[7]。吴(Wu)和邓恩(Dunn)认为,一体化的环境管理是企业价值链上每个因素,包含产品从开始到生命周期结束过程中环境影响的最小化[8]。可见,积极的企业积极地承担环境责任,实施积极的环境管理与EPR制度是兼容的。

从企业成本来看,企业投资加强环境管理能使企业避免未来的环境事故、风险和纠纷,也可以减少原料浪费和不充分利用,企业关注产品或操作的环境影响将获得更高的标准,企业可以通过先进的技术获得更高的工业标准,设置行业门槛。积极的企业环境管理与企业利润的关系如图2.2所示。

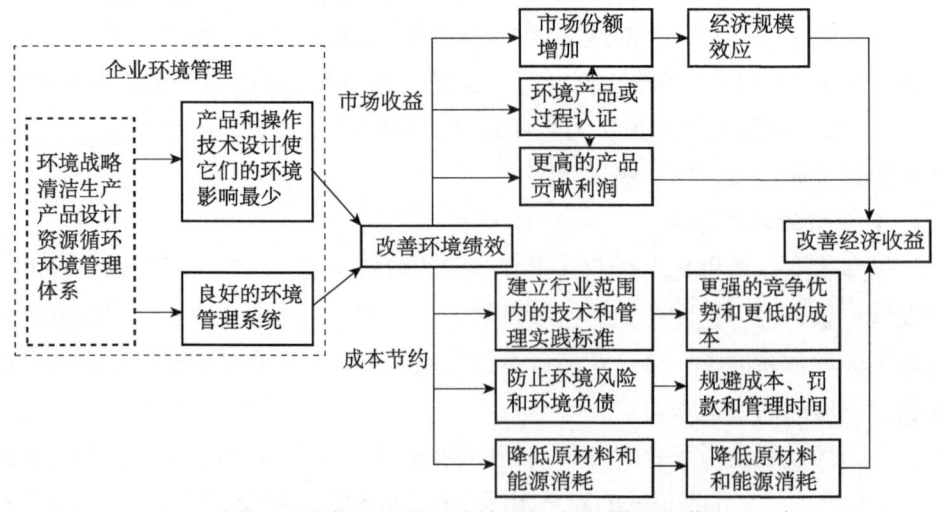

图 2.2　积极的企业环境管理与企业利润关系图

由图 2.2 可见，积极的企业环境管理是全公司范围内的活动，即积极的企业环境管理要求公司的各个部门、各个环节都必须要关注环境问题，重视环境问题，切实落实环境管理。从环境管理文献中可知环境管理至少应包括以下几个方面的内容：第一，环境管理的根本目的就是使企业在生产运营过程当中，把对环境的影响减至最小，在企业发展的同时保持环境的可持续发展。第二，环境管理应该整合到企业的各项决策中，是系统性的全局思考，同时也是各项活动的整合，需要企业各部门的配合、管理。第三，环境管理是动态的过程，不存在标准的或一成不变的管理模式、管理方式和手段。随着社会的进步与发展，企业应当及时根据自身的实际情况进行调整，以使环境管理的成效最优。EPR 制度的实施将有助于推动企业积极承担环境责任，以可持续发展思想为指导，将环境因素纳入企业管理活动中，使组织行为对生态环境的影响消除和减少到最低程度，为实现经济效益、社会效益、环境效益的协调统一而采取一系列精细化的管理措施，以获取更多的商业利润。

2.3 清洁生产与产品生命周期理论

2.3.1 清洁生产理论与内容概述

清洁生产（cleaner production）是实现可持续发展目标的环境战略，是一种新的具有创造性的理念，是一种将整体预防的环境战略持续应用于生产过程、产品和服务中，以增加生态效率和减少人类及环境风险的思想。在不同发展阶段、不同的国家虽有不同的叫法，如"废物最小化""无废工艺""污染预防"等，但其基本内涵是一致的，即对产品和产品的生产过程采用预防污染的策略来减少污染的产生。

1977 年，欧洲共同体就制定了关于"清洁工艺"的政策；1984 年、1987 年欧洲共同体又制定了促进开发"清洁生产"的两个法规。20 世纪 80 年代初，联合国工业发展组织成立了国际清洁工艺协会。1989 年，联合国环境规划署工业与环境规划中心 (UNEPIE/PAC) 根据联合国环境规划署理事会会议的决议，综合各种说法，采用了"清洁生产"这一术语，并得到了国际社会的普遍认可和接受。1996 年，UNEPIE/PAC 对该定义做了进一步完善，清洁生产是指将综合预防的环境策略持续地应用于生产过程和产品中，以减少对人类和环境的风险。对生产过程而言，清洁生产包括节约原材料和能源，淘汰有毒原材料并在全部排放物和废物离开生产过程以前减少其数量和毒性。对产品而言，清洁生产策略旨在减少产品在整个生产周期过程（包括从原料提炼到产品的最终处置）中对人类和环境的不利影响。对服务而言，清洁生产要求将环境因素纳入设计和所提供的服务中[9]。

清洁生产是联合国环境规划署提出的环境保护由末端治理向生产过程控制转变的新的污染防治策略。此后，清洁生产在全世界范围内得到有力推行，对中国清洁生产工作也起到了促进作用，中国于2002年通过了《清洁生产促进法》。《中国21世纪议程》将清洁生产定义为：既可满足人们的需要，又可合理使用自然资源和能源，并保护环境的实用生产方法和措施，其实质是一种物料和能耗最少的人类生产活动的规划和管理，将废物减量化、资源化和无害化，或消灭在生产过程之中。同时对人体和环境无害的绿色产品的生产亦将随着可持续发展进程的深入而日益成为今后产品生产的主导方向①。《清洁生产促进法》第二条对清洁生产做出了如下规定："本法所称清洁生产，是指不断采取改进设计、使用清洁的能源和原料、采用先进的工艺技术与设备、改善管理、综合利用等措施，从源头削减污染，提高资源利用效率，减少或者避免生产、服务和产品使用过程中污染物的产生和排放，以减轻或者消除对人类健康和环境的危害。"[10]

一般认为，清洁生产的内容主要包括清洁的设计、清洁的投入、清洁的生产过程和清洁的产出四个部分[11]。

1. 清洁的设计

产品设计应考虑节约原材料和能源，少用昂贵、短缺及有毒有害的原材料，利用再生资源，改变产品品种结构，使之达到高质、低消耗、少（或无）污染。

2. 清洁的投入

尽量少用或不用有毒有害的原料，在能源方面使用核能、水利电能和风能等，采用集中供热、供电等方式，以液化气、天然气为燃料。

3. 清洁的生产过程

选用少废、无废工艺和高效的新设备、新工艺和新技术，改善生产操作和控制技术，完善生产管理，提高物料的回收利用和循环利用率。

4. 清洁的产出

产品在消费使用过程中和使用后，不会对人体健康和生态环境产生不良影

---

① 清洁生产的概念.http://www.cncpn.org.cn/cms/lanmu.jspx?id=103&pid=67&url=/cms/jbgn.htm.

响；产品的包装安全、合理，在使用后易于回收、重复使用和再生，产品的使用功能和寿命合理；有效处理和综合利用生产和消费过程中不可避免地排出的副产品或废弃物，使之减少或消除对人类和环境的危害。

从清洁生产的内容上看，清洁生产理论的完善和发展事实上已经提出和初步形成了产品生命周期的概念。

2.3.2　产品生命周期理论

1966年，美国哈佛大学学者雷蒙德·弗农（Raymond Vernon）发表了《产品周期中的国际投资和国际贸易》一文，首次提出了产品生命周期理论。弗农认为[12]，产品的整个生命周期，包括对于产品的设计、产品原材料的选择、产品的生产工艺与流程、产品的包装、销售方式与渠道、产品的消费使用等各个环节都会对环境产生影响，即产品的生命周期涉及从生产销售到使用废弃的全过程。该理论经过弗农与后续学者的研究与推广，逐步成为独立的、成熟的理论。

但与生态环境保护相关的产品生命周期理论是在此基础上进一步拓展更为广泛的内容形成的。自1989年联合国环境规划署提出清洁生产概念并在随后得以不断完善形成较为完整的理论体系，产品生命周期的概念和理论日益得到关注。2000年，欧盟成员国在瑞典达成《马尔默宣言》，提倡"生命周期经济"。2002年，联合国环境规划署与环境毒理学与化学学会（SETAC）提出"生命周期自愿行动"。2002年，在约翰内斯堡举行的世界可持续发展峰会，提出从生命周期关注产品生产和消费模式。2003年，欧盟提出"综合产品政策"（Integrated Product Policy，IPP），目标是减少产品整个生命周期对环境的影响，以市场驱动的方法通过竞争力影响引导产品设计和制造。2003年之后，欧盟一系列与产品相关的环境保护指令，包括WEEE指令、RoHS指令和《化学品注册、评估、授权和限制》（REACH指令）等，都相继转化为本国相关法律法规，所有这些国际行动和欧盟指令的目标在于：提高产品全生命周期生态效率。

产品生命周期理论提出，面对产品消费所带来的环境和健康问题，生产者应当摒弃只负责产品的生产和销售的传统观念，要识别并明确产品从设计、原材料的选取、产品的加工制造、销售购买、使用废弃到回收处理再利用的整个生命周期过程中所应承担的污染预防、污染控制和综合利用等责任。换句话讲，生产者应当对自己在产品的整个生命周期中所产生的环境影响负责。基于产品生命周期理论的生命周期生态效率和企业管理模式如图 2.3 所示。

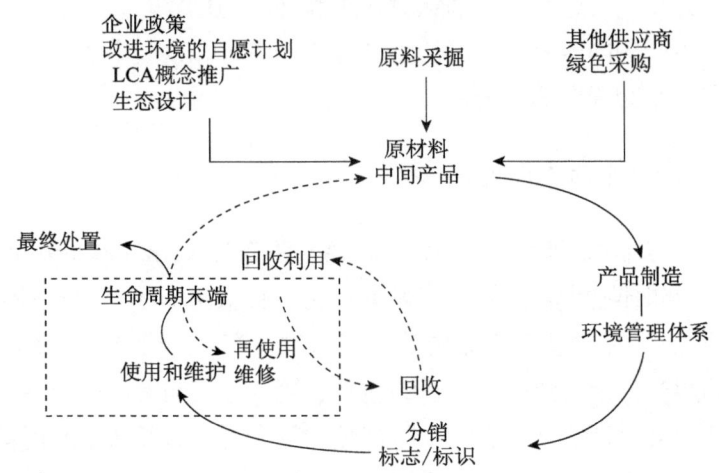

图 2.3　基于产品生命周期理论的生命周期生态效率和企业管理模式图

由图 2.3 可见，基于产品生命周期理论，生产者的环境责任向前延伸到前端的原料采掘和选择阶段，向后拓展至后端的分销、使用和维护，直至最终生命周期末端的回收利用和处置。因此，生产者提高全生命周期生态效率的主要途径可概括为以下几个方面。

1. 源头控制

这包括企业要将生态环境保护的策略融入企业发展战略，并通过绿色采购和生态设计从源头提高产品的生态绩效。发达国家的实践证明，产品全生命周期的生态环境绩效有 80% 是由设计阶段决定的。因此，企业可以通过生态设计从源头缩减资源能源消耗，实现产业清洁生产，提高回收利用环节的资源回收利用率。此外，通过加强对供应链上各环节的生态效率和环境保护的要求，特别是绿色采购，实现绿色供应链管理。绿色供应链管理要素包括：充分考虑全供应链的环境问题；强调供应商之间的生态和环境相关数据共享；力争实现产业链的闭环运作，充分应用现代网络技术。

2. 过程控制

过程控制即通过建立环境管理体系、实施清洁生产工艺、辅助以流程成本会计、加强排放监控等手段减少生产过程的环境影响。企业可以在国家相关政策基础上，加大清洁生产技术研发和创新升级的投入，逐步向低资源能源投入、再制造技术、低碳环保的循环利用技术的研发、创新和升级转型，形成可持续发展的技术优势。

3. 绿色分销

通过推广产品的环境标志和认证、能效标志和认证，以及循环经济产品标志和认证，积极引导和促进绿色产品的消费。

4. 末端循环

企业通过参与社会层面的废物回收利用体系建设和完善，利用现有的物流体系探索通过逆向物流回收废旧产品；从产业链延伸的战略高度，开展基于废旧产品回收利用和提供租赁服务的新型经营模式的探索。改变产品制造和销售的传统生产经营模式，拓展原有的产品售后服务体系，将新产品、回收分类和维修或再制造的产品，按照不同等级和级别，为市场上有不同需求的客户群提供"一揽子"产品，包括维护合同、产品租用和产品管理服务等产品服务组合，通过将产品的产权转移给制造商，实现规模经济，降低信息不对称，创建一种更具经济和生态效率的规模产业。

2.4 循环经济理论

2.4.1 循环经济理论的发展

20 世纪 60 年代中期，美国著名经济学家波尔丁（K. Paulding）在其《宇宙飞船经济学》[13]一文中最早提出了"循环经济"一词。他以与世隔绝、孤立无援的宇宙飞船系统为例，指出尽管地球上的各种资源丰富，可以使地球拥有长久的寿命，但是地球终将因为资源耗竭而毁灭，只有对地球资源的循环使用才可以大大延长地球的寿命。虽然波尔丁没有使循环经济成为一种经济学说，但其对循环经济的概念及思路的阐述却使得"循环经济"一词进入了人们的视野。随后，意大利罗马俱乐部提出了人类经济增长的极限这一惊醒世人的问题。以日本著名经济学家坂本藤良于 1976 年出版的《生态经济学》等著作为代表，表明人类已经从宇宙飞船经济学的角度转换到生态经济学的角度来研究循环经济。到了 20 世纪 80 年代，人们开始探讨通过管理来实现对于资源的高效利用、再生和再循环等问题，循环经济的概念也广泛地应用于发达国家和地区的后工业化可持续发展中。此外，美国杜邦公司在 20 世纪初总结的清洁生产 3R（reducing、reusing、recycling）原则经联合国环境规划署的提高推广，已在发达国家和地区中广泛实施。1992 年 6 月，在联合国举办的环境与发展大会上世界各国就可持续发展问题达成共识,之后日本、德国等发达国家和地区及一些发展中国家开始积极探索可以促进可持续发展的经济途径,提出了循环经济发展模式[14]。循环经济模式代表着21世纪先进的经济发展模式,其旨在在发展经济和保护环境的基础上实现对于资源的减量化(reducing)、再利用(reusing)和再循环(recycling),即3R原则。

传统经济是"资源—产品—废弃物"的单向直线过程,创造的财富越多,消耗的资源和产生的废弃物就越多,对环境资源的负面影响也就越大。循环经济则以尽可能小的资源消耗和环境成本,获得尽可能大的经济和社会效益,从而使经济系统与自然生态系统的物质循环过程相互和谐,促进资源永续利用。因此,循环经济是对"大量生产、大量消费、大量废弃"的传统经济模式的根本变革。宇宙飞船经济要求一种新的发展观:第一,必须改变过去那种"增长型"经济为"储备型"经济;第二,要改变传统的"消耗型经济",而代之以休养生息的经济;第三,实行福利量的经济,摒弃只着重于生产量的经济;第四,建立既不会使资源枯竭,又不会造成环境污染和生态破坏、能循环使用各种物资的"循环式"经济,以代替过去的"单程式"经济。

2.4.2 循环经济的特点

循环经济作为一种全新的经济发展模式,具有自身的独立特征,主要体现在以下几个方面。

1. 新的系统观

循环是指在一定系统内的运动过程,循环经济的系统是由人、自然资源和科学技术等要素构成的大系统。循环经济观要求人在考虑生产和消费时不再置身于这一大系统之外,而是将自己作为这个大系统的一部分来研究符合客观规律的经济原则,将"退田还湖""退耕还林""退牧还草"等生态系统建设作为维持大系统可持续发展的基础性工作来抓。

2. 新的经济观

在传统工业经济的各要素中,资本和劳动力在循环,而自然资源却没有形成循环。循环经济观要求运用生态学规律,而不是机械工程学的规律来指导经济活动,不仅要考虑工程承载能力,还要考虑生态承载能力。在生态系统中,经济活动超过资源承载能力的循环是恶性循环,会造成生态系统退化;只有在资源承载能力之内的良性循环,才能使生态系统平衡地发展。

3. 新的价值观

循环经济观不再像传统工业经济那样，将自然视为可利用的资源，或者"取料场"和"垃圾场"，而是将其作为人类赖以生存的基础，是需要维持良性循环的生态系统；在考虑科学技术时，不仅考虑其对自然的开发能力，而且要充分考虑其对生态系统的修复能力，使之成为有益于环境的技术；在考虑人自身的发展时，不仅考虑人对自然的征服能力，而且更重视人与自然和谐相处的能力，促进人的全面发展。

4. 新的生产观

传统工业经济的生产观念是最大限度地开发利用自然资源，最大限度地创造社会财富，最大限度地获取利润。而循环经济的生产观念是要充分考虑自然生态系统的承载能力，尽可能地节约自然资源，不断提高自然资源的利用效率，循环使用资源，创造良性的社会财富。在生产过程中，循环经济观要求遵循 3R 原则：资源利用的减量化原则，即在生产的投入端尽可能少地输入自然资源；产品的再利用原则，即尽可能延长产品的使用周期，并在多种场合使用；废弃物的再循环原则，即最大限度地减少废弃物排放，力争做到排放的无害化，实现资源再循环。同时，在生产中还要求尽可能地利用可循环再生的资源替代不可再生资源，如利用太阳能、风能和农家肥等，使生产合理地依托在自然生态循环之上；尽可能地利用高科技，尽可能地以知识投入来替代物质投入，以达到经济、社会与生态的和谐统一，使人类在良好的环境中生产、生活，真正全面提高人民的生活质量。

5. 新的消费观

循环经济观要求走出传统工业经济"拼命生产、拼命消费"的误区，提倡物质的适度消费、层次消费，在消费的同时就考虑到废弃物的资源化，建立循环生产和消费的观念。同时，循环经济观要求通过税收和行政等手段，限制以不可再生资源为原料的一次性产品的生产与消费，如宾馆的一次性用品、餐馆的一次性餐具和豪华包装等。

我国从 20 世纪 90 年代起引入了循环经济的思想，此后对于循环经济的理论研究和实践便不断深入。

2.4.3 循环经济理论与EPR制度

循环经济理论提出的再利用原则要求生产者在新产品的研发设计阶段就要考虑到产品的环境影响和效益，提高产品的重复利用率，尽可能少用一次性资源而多利用可再生资源；资源化原则要求生产者通过一定的处理工序和技巧，使得废弃产品可被二次使用，变废为宝；减量化原则是要求生产者通过提高管理水平和生产技术，使得产品在生产、流通过程中可以尽量减少能量流失和废弃物的产生，但同时又不影响产品的生产和使用性能，即减量化强调减少原材料的使用、资源的损耗及废弃物的排放。可见，循环经济理论进一步明确了生产者责任延伸的内容、范围和方向。

依据循环经济理论，EPR 制度的设立将鼓励生产者在产品生产阶段进行绿色设计，实行清洁生产，并要求生产者承担产品废弃后的回收处理责任。同时，通过生产者的绿色设计、清洁生产及对废弃电器电子产品的回收处理的实践，来不断丰富和完善循环经济的理论。生产者进行绿色设计、清洁生产，可以使其尽量减少生产和消费阶段的物质、能量投入，不产生或少产生废弃物，从而在源头上控制废弃物的产生。此外，由生产者对废弃电器电子产品承担回收处理责任不仅有利于对废弃物进行安全回收处理，还有利于废弃电器电子产品顺利进入"再利用"和"再循环"环节。因此，循环经济理论是本书的重要理论基础之一。

参考文献

[1] 孙月平，刘俊，谭军. 应用福利经济学 [M]. 北京：经济管理出版社，2004.

[2] 马中. 环境与资源经济学概论 [M]. 第二版. 北京：高等教育出版社，2006.

[3] 邹骥. 环境经济一体化政策研究 [M]. 北京：北京出版社，2000.

[4] 赵时亮，高海燕，谭琳. 论代际外部性与可持续发展 [J]. 南开学报（哲学社会科学版），2003,(4):41-47.

[5] Min J. Environmental Management[M]. Beijing: China Environment Press, 2014.

[6] Winn S F, Roome N J. R&D management response to the environment current theory and implications to practice and research[J]. R&D Management Review, 1993, 23(2): 147-160.

[7] Klassen R D, Mclaughlin C P. TQM and environmental excellence in manufacturing[J]. Industrial Management & Data Systems, 2013, 93(6): 14-22.

[8] Wu H-J, Dunn S C. Environmentally responsible logistics system [J]. International Journal of

Physical Distribution and Logistics Management，1995，25(2): 20-38.

[9] 国家环境保护总局监督管理司. 中国环境影响评价（培训教材）[M]. 北京：化学工业出版社，2000.

[10] 中华人民共和国清洁生产促进法 [N]. 人民日报，2002-7-5(5).

[11] 国家环保局污染控制司. 清洁生产——认识与实践 [M]. 北京：中国环境科学出版社，1993.

[12] 曲刘超，李文汉. 浅谈产品的环境信息 [J]. 企业经济，2005, (10): 64-65.

[13] 何青，翟绘景，龚子柱，等. 循环经济理论新探析——5R 理论的创新 [J]. 现代情报，2007, 27(10): 32-34.

[14] 冯久田，尹建中，初丽霞. 循环经济理论及其在中国实践研究 [J]. 中国人口·资源与环境，2003, 13(2): 28-33.

第 3 章
EPR 制度概述

3.1 EPR制度的内涵

EPR 制度设计的初衷是希望将废弃后的处理成本纳入生产消费的决策环节,从而激励生产者参与到产品设计改进中来,并有助于环境友好的技术创新获得长期的竞争优势[1-2]。要想理解 EPR 制度的内涵必须将其放在城市公共废弃物管理制度发展的背景之下。城市废弃物管理是与工业化和城市化进程相伴随的,大规模工业化生产带来消费增长,并依靠消费增长进一步扩大市场以维持投资扩张,废弃物的激增成为这种生产方式的一个副产品[3-4]。同时,工业化又带动城镇化,导致城市居住人口集聚,废弃物激增又带来城市环境恶化。这一循环逐渐超越城市环境容量,要求城市管理做出有效应对。

3.1.1 完善公共废弃物管理体系的制度创新

为了应对工业化生产方式带来的废弃物问题,以巴黎、伦敦、纽约等大城市为先导,城市废弃物管理被逐步纳入地方政府公共服务范围,并成为发达国家废弃物管理的基本模式[5]。地方政府提供废弃物管理的公共服务,以税或费方式解决了垃圾清运及处理设施的资金来源,并提高了废弃物管理活动的规模经济,使得市场中无利可图的垃圾处理和再生利用活动得以有效组织和规范化管理。与此同时,作为公共部门,废弃物管理从业者的健康和劳动保障得到大幅度改善。由于废弃物管理具有一定的外部性,地方政府的垄断性有利于促进回收体系和设施的规模经济,但垄断又可能带来经营效率低下、服务质量差的问题。为了平衡垄断的低效,废弃物清运和处理过程往往通过外包方式授权给公营部门或私营企业运营,以引入适当竞争,具体措施各地存在很大差别,造成了废弃物管理的地方化特点。由于公共财政的介入,废弃物管理逐步走上资本密集型的技术路线,处置设施日趋集中化和复杂,成本也日渐高涨。

然而,依赖地方公共财政的废弃物管理模式的根本问题仍然在于工业化生产方式带来的核心矛盾——废弃物增长与经济增长之间形成了某种内在联系。经济增长依靠消费,消费支出主要投向物质产品购买,促进新产品购买往往需要淘汰旧产品,为了保证大规模生产的增长,就需要大规模废弃;而通过公共服务提供废弃物管理,将废弃物源头、生产、消费过程与废弃物处理阶段分裂开来,从而间接促使了日后废弃物问题的恶化,并使得废弃物问题在技术解决道路上逐渐走入了一个死胡同——缺少废弃物源头减量的动力。一度被广泛使用的垃圾填埋方法在发达国家造成越来越多的地方社区纠纷和诉讼,"别在我的后院"(Not in My Back Yard,NIMBY)成为公众对垃圾填埋场选址的本能反应。垃圾焚烧曾经被当做一个健康卫生且高效缩减垃圾体积的解决方案,但焚烧气体排放和最终的废渣变成了更加令人头痛的问题。废弃物的再生利用作为逐渐受到人们青睐的解决方案,在现实发展中却举步维艰,根本无法跟上大量废弃物产生的速度。问题在于废弃物管理制度始终只能局限于废弃物处理的最后阶段,"没有在物质流的最初阶段发挥作用,这一阶段常常被环境政策所忽略。而从生态角度看,最初阶段是造成废弃物问题的重要原因之一"[6]。

EPR 原则的特点是将废弃物回收处理的责任转移给生产者,并通过费用内化到产品价格中,将废弃物管理负担从地方政府转移给生产企业。然而,对此特点必须放在发达国家废弃物管理制度变迁的背景下理解。地方政府在已经建立起一个相对成熟的垃圾回收和处理基础设施的情况下引入 EPR 制度,为前端生产者和消费者源头减量提供了激励机制,保障了城市废弃物管理的资金投入。此外,EPR 制度在发达国家通常是将一些增长快、难处理的废弃物流从一般市政废弃物流中分离出来,从而提高回收利用率。而在缺乏城市废弃物管理基础设施和公共服务的条件下,片面强调生产者责任,要求生产者完全承担产品消费后回收处理的责任,显然是不现实的。

EPR 制度与地方政府的废弃物管理系统之间的关系是 EPR 制度设计中的重要内容,两者之间的责任划分受到原有地方废弃物管理系统特点的影响,表现在生产者所承担的具体回收责任、经济责任和信息责任。从欧盟的经验来看，地方政府垃圾管理公共服务设施完备的国家，如瑞典，倾向于地方政府（公营企业）垄断回收环节，生产者责任组织（producer responsibility organization, PRO）承担经济责任和回收分类后的再生处理环节；而生产者地位强大的国家（如德国），倾向于提高PRO的竞争性，以促进回收效率提升、处理成本的下降。

3.1.2 EPR制度的法理基础

EPR制度的合理性来自废弃物问题的外部性，需要政府干预以纠正市场调节失灵。因此，其核心在于设计成本内部化的机制，目标则是公共利益最大化。但具体到公共利益的评价标准，存在一定的争议：侧重于减少垃圾处理总量还是降低废弃物环境影响，对政策工具的侧重点会有差异。前者对废弃物管理部门而言比较重要，特别是对于出台了填埋禁令的国家，废弃物总量的减少对于地方政府而言是非常重要的政策目标。但废弃物总量只能反映垃圾环境影响的一个方面，垃圾成分可能损害人体健康和对环境产生毒性，其干预措施更多依赖前端的材料限制和生态设计。目前，欧盟通过废弃物指令形成了一个相对完整的立法框架，涉及前端和后端的不同方面。日本也在循环型社会基本法的基础上，建立了从中央到地方的推进资源循环的立法体系。事实证明，依靠分散的地方法规和针对特定产品的企业自愿协议的方式，通常很难兼顾两者。

1. 法律定位

EPR制度首先是一种废弃物管理责任划分的法律原则，突出了生产者在产品全生命周期环境影响的决定性控制力。同时，围绕EPR原则建立的法律制度和政策措施，为废弃物管理提供了一种面向产品全生命周期的环境政策工具。

2. 法律定义

EPR制度的法律定义通常采用OECD于2001年出版的政府指导手册中的定义："将生产者对其所生产的产品的责任延伸到消费后阶段的环境政策工具，其特征是：①将全部或部分废弃物回收处理责任从地方政府转移到上游的生产者；②为生产者在产品设计中考虑环境保护提供激励。"其中，对生产者的定义是指将产品第一次投放到市场上，销售给消费者的企业主体，包括品牌企业、零售商和进口商。

3. 调整范围

EPR制度的实施对象通常是材料物质流量大、废弃量增长快的产品。按照产品的特点可以分为两种类型：一类是循环利用价值或环境污染预防意义大的产品,如包装材料和电池;另一类是产品结构比较复杂、生态设计潜力较高的产品,如汽车、电子产品等。

EPR 制度实施的重点包括上游和下游两方面:上游是指对生产设计环节的控制,如有害物质限制、生态设计及产品再生材料用量的具体要求;下游主要针对产品废弃后的回收和循环利用及环境无害化处置。通过三种责任机制沟通上游和下游的不同主体,可以实现全生命周期和产业链的整体改善。

具体哪种产品应该纳入 EPR 制度的管理范围,需要综合考虑产品类型、使用年限、材料构成、市场需求、销售渠道和再生资源市场情况,以及产品同质性的程度。其中最关键的两个维度是:①材料再利用的价值;②环境影响。对材料再利用价值高的产品,应该尽量依靠市场需求推动再生利用发展,政策干预一方面在于防止市场垄断制约发展;另一方面对环境影响较大的产品,确保处理过程达到预期环境标准。对材料利用价值较低的产品,重点从环境影响的角度选择干预方式,环境影响较小的可以采用自愿协议的方式,鼓励循环利用,环境影响大的则必须采用强制标准逐步降低和去除有毒材料的使用,或者逐步提高回收循环率。

EPR 制度可以作为基本原则纳入废弃物管理法、资源法、环境保护法、循环经济法等基本法律的立法原则中,作为责任划分原则的补充。同时,基于 EPR 制度的责任设定和划分原则,还可以制定针对特定废弃物物流管理的专门法。

在环境法中,EPR 原则与污染者付费原则既有联系又有区别。在经济责任上,EPR 制度部分体现了污染者付费原则,但突出了生产者对产品全生命周期环境表现上面的潜在控制力。对责任内容的规定也超出了经济责任,而包含了具体的回收责任和信息责任。

在更大范围的环境政策中,EPR 制度与产品导向的综合环境政策密切相关,体现了产品责任在环境领域中的延伸。除了强制性的法律法规以外,更多地需要通过企业的社会责任、绿色供应链管理、可持续发展战略的自愿行动与协议来实现。

3.2 EPR制度的演变历程

3.2.1 清洁生产向消费末端延伸

EPR 制度提出之初是与清洁生产的发展理念紧密结合的[7]。清洁生产将综合预防的环境保护策略应用于产品生产过程，以期减少对人类和环境的风险，其本质是一种针对产品全生命周期的整体预防性环境策略，包含了"废弃物减量化""无废工艺""污染预防"等诸多内容，目标在于从产品生产过程的各个环节采取预防污染的策略来减少污染物的产生，具体措施包含两个全过程控制：生产全过程和产品整个生命周期全过程。清洁生产概念的提出是针对自20世纪70年代环境保护主义兴起以来，环境治理主要局限于末端处置的现状，而提出的系统化转型思路。清洁生产的提出一方面强调了生产企业的主动治理和过程优化；另一方面也需要在公共政策和环境治理机制上作出有利于激励企业和消费者自主行动的改变。

EPR制度正是在这样的背景下逐渐形成并发展起来的。EPR的原则最早可追溯到瑞典1975年颁布的《关于废物循环利用和管理的议案》。该议案提出：在产品生产前，生产者有责任了解当产品废弃后，如何从环境和节约资源的角度，以适当的方式处理废弃产品的问题。1988年，瑞典隆德大学环境经济学家托马斯在给瑞典环境署提交的报告《从摇篮到坟墓——产品环境冲击的六个方面》中基于瑞典和欧洲其他国家废弃物管理中的一些实践经验首次提出和命名了这个概念，也就是通过将生产者的责任延伸到产品的整个生命周期，特别是对产品的回收、循环和最终处置的过程来实现清洁生产所希望达到的全生命周期污染预防的目的。

发达国家引入EPR制度的一个重要动力来自基层的公共部门。这些国家大多建立了主要依赖地方公共支出的城市废弃物管理系统。废弃物收集、处置的成本由地方税费来承担。随着废弃物的总量增加，以及危险废弃物处置的成本不断提升，地方政府的负担越来越大，因此地方政府有意愿将这一部分成本从公共部门转移到私营部门。EPR制度为这种转移提供了理论支持，特别是通过制度设计有可能影响到生产者与消费者的决策，从源头限制废弃物的增长，符合降低产品全部生命周期环境影响的大目标。因此，EPR原则在发达国家很快得到环保政策的采纳，并且从少数国家扩散到整个欧盟，以及日本、中国台湾等国家和地区。这种"自下而上"的制度建构过程使得EPR制度具有显著的地方化特征，也就是说各国各地区在设计自己的EPR制度时往往从本地的环保优先目标出发，结合本地已有的废弃物管理系统的特点，以及生产者和消费者的习惯和配合度，形成实践中千差万别的组织形式。

3.2.2 适用领域的扩展

从产品领域来看，EPR制度在欧洲首先应用于具有显著材料回收利用价值的大宗废弃物流，如包装材料，包括铝制和PET（聚对苯二甲酸乙二醇酯）类的饮料瓶、纸箱、纸盒等。通过将此类废弃物流从一般城市废弃物流中分离出来，设定回收利用率，提高此类废弃物的回收利用水平，客观上为回收利用活动建立起市场。这个市场由PRO建立并运作，包括向作为其成员的生产企业收取处理费用，并代表生产企业组织回收处理活动。这种回收处理模式逐步扩展到更多产品类型，如电池、电子产品、化学溶剂、汽车，与前面提到的包装材料一起构成EPR制度应用最广的五大产品领域。特别是在电子产品、汽车等复杂产品的生命周期管理中，对鼓励生态设计和提高材料全生命周期的有效管理，产生了积极的影响。近年来，EPR制度还在涂料、农药、节能灯、地毯、床垫，以及汽车上的一些特殊部件（轮胎、机油滤清器、含汞点火器等）领域得到应用。EPR制度结合产品类型形成多样化的PRO形式和资金管理方式。因此，EPR制度在发达国家是城市公共废弃物管理制度的一种补充，并且在现实操作中，与城市公共废弃物管理中的回收系统有交叉竞争与合作的联系，其组织方式也受到地方废弃物管理系统特点的影响。

这种多样性的地方化特点在OECD[8]早先的讨论中得到了肯定，其强调EPR制度是多种政策工具的组合，在推行中必然要适应地区和产品的特点。但是面对日益全球化的市场，这种地方化特点难以为立足全球运作的企业所接受。立足全球化运作意味着需要一个通行的市场标准，以避免人为的市场分隔增加商品流通的成本。这种矛盾在欧盟的WEEE指令的发展过程中得到充分体现。该指令在草案的最初阶段是作为一个整体性的方案提出来的，在秉承EPR制度基本原则的前提下，WEEE指令的一个重要目标在于调和欧盟国家之间的立法差异，实现欧盟作为一个统一市场所应有的通行标准。而WEEE指令要实现统一就困难得多，现实情况是WEEE指令在转化为各国国内法的过程中存在很大的随意性，从基本概念的界定到具体的组织形式都赋予了各国相当大的自由裁量的权力。这种差异直接导致了各国之间管理成本的巨大落差，一项研究表明，企业为达到各国法律规定的电子废弃物管理要求所需支付的成本占产品零售价格的比重为0.3%～3%。强制管理的引入导致管理成本提升甚至大于电子废弃物本身的管理成本，注册和其他管理费用构成企业一笔不小的支出，比如，在德国一个进口商销售3种不同牌子的电器产品注册费高达

1590 欧元，而一次性的废弃物管理保证金还需 1200 欧元。

旨在激励绿色创新的 EPR 制度设计与旨在提高回收和循环利用的经济效益的 EPR 系统建设之间的矛盾成为 EPR 制度讨论的焦点。在 OECD[9]《EPR 的经济问题》报告中对 EPR 制度实施中的经济问题做了深入探讨。尽管该报告从总体上认为两者都是政策追求的目标，但在具体操作层面，两者又存在矛盾：前者倾向于突出企业个体责任，以形成对企业绿色设计和运营的现实激励，具体做法就是增加 PRO 的竞争性，从而为绿色设计和可持续的生产消费模式提供一个动态发展的激励机制；而后者倾向于突出地方政府或废弃物管理部门的垄断权，以维持回收活动的经济效益。这两种观点存在较大的分歧，也形成政策实施中的主要差异。

3.3 EPR制度的实施条件分析

EPR 制度并非是一种单一的政策工具，而是一种责任划分的原则。在实践中，EPR 制度往往通过一系列政策工具的组合来实现，以适应不同的地方背景，如环境优先议题、制度框架和经济发展水平，但宗旨是通过将废弃物管理的成本纳入到生产和消费的决策过程，促进相关主体在各个环节努力实现废弃物减量化和提高循环利用率[8]。

3.3.1 EPR制度的责任类型

（1）环境损害责任。生产者对已经证实的由产品导致的环境损害负责，其范围由法律规定，并且可能包括产品生命周期的各个阶段。环境损害责任是基于污染者付费原则，因此与环境保护法律中的一般责任原则是一致的。

（2）经济责任。生产者为其生产的产品的收集、循环利用或最终处理全部或部分地付费。生产者可以通过某种特定费用的方式来承担经济责任。经济责任是 EPR 制度的核心，从制度设计的初衷来看，将回收和处理费用纳入产品生产成本，是将外部化的废弃物管理成本内部化到市场交易决策中的关键环节。尽管基于经济理论假设，我们认为 EPR 制度进行责任划分的重新界定，可以促进生产者采用有利于回收利用的设计，但现实中如何实现，仍然是 EPR 制度发展中的难点。

（3）物理责任。生产者必须实际地参与处理废弃产品或减少其影响，包括发展必要的处理技术、建立并运转回收系统及处理废弃产品。物理责任则将原本分离的生产过程与回收处理过程联系起来，对于一些难于处理的复杂工业品而言，处理环节的技术难点常常与生产环节有相似性，生产者对产品物质构成也更加了解，相对来说生产环节的专业知识对提高处理环节的回收利用效率也有帮助。此外，生产者通过直接参与回收处理环节的工作，可以获得产品废弃后的用户反馈和产品状态信息，对于改进产品设计和强化客户联系都有帮助。由于经济责任的目标最终体现在物理责任的具体实施上，所以考察 EPR 制度对企业技术创新和生产活动的实际影响一直是实证研究的重要内容。

（4）信息披露责任。生产者有责任提供有关产品及产品在其生命周期的不同阶段对环境的影响的相关信息。信息披露责任除了向消费者传递产品环境属性的知识，以引导消费者改变消费习惯以外，也促使生产者了解自身产品的环境影响，而能够更加积极主动地采取改进措施。

通过上述四方面责任的确立，EPR 制度将废弃物管理与生产阶段的绿色设计、制造，以及消费阶段的使用、回收活动结合起来。其中，环境损害责任可以通过现有的《环境保护法》和《物权法》得到体现，而经济责任、物理责任和信息披露责任则是在 EPR 制度建构的过程中，通过立法和管制措施的建立逐步明晰的。

此外，EPR 制度还有可能形成某种现实激励，鼓励生产者在提供产品服务的同时，保留产品的所有权（如租用汽车而不是销售汽车，或者提供洗衣机服务而不是销售洗衣机），从而更直接地承担与所有权相联系的各种环境责任。

3.3.2 回收目标

在 EPR 制度的设计中，中央政府涉足原本由地方政府承担的废弃物管理的责任，一个主要途径是统一回收率目标和对回收率执行情况进行评估、考核和监督制裁（表3.1）。回收率的目标体现了社会对资源综合利用水平的要求，主要基于以下两方面的考虑。

首先，从材料回收本身考察回收的必要性，包括两种情况：①具有市场稀缺性的材料本身回收价值就构成回收利用活动的现实激励，通过 EPR 制度的引入，可以将回收过程与生产消费过程中的支出联系起来。再生材料价格对回收活动组织有很大影响，回收材料的销售收入是整个 EPR 系统运行的主要收入来源，因此其回收活动的规模和组织需要考虑回收物的价值来计算可行的回收方案。如果回收的市场价值足以支撑实现目标回收率的回收活动，政府强制干预是不必要的，但仍然可以基于企业自愿协议建立非强制的回收体系。回收率的制定要与材料的循环利用水平相结合，按照减量化、再利用、再循环、能量回收和处置填埋的梯级次序评估回收利用的效益。②材料毒性则赋予了对回收活动干预的必要性，针对有毒废弃物禁止填埋、焚烧和实施安全处置的要求构成了对废弃物处理的特殊成本，并提供了企业开展材料替换的现实激励。选择产品消费后强制回收与产品生产阶段强制去除往往是两种相辅相成的政策手段，对于企业来说往往需要强制执行的标准或要求。EPR 制度也可以提供企业减量化的动力。

表3.1　日本、中国台湾和韩国4种家电每千人回收率　　　（单位：台）

年份	日本[①]	中国台湾[②]	韩国[③]
1998	18	—	—
1999	50	—	—
2000	43	13	—
2001	83	80	14
2002	96	57	17
2003	98	56	21
2004	104	56	33
2005	107	64	—
2006	107	64	—

资料来源：①日本环境署（日本人口约1.27亿人）；②中国台湾环境署（中国台湾地区人口约2300万人）；③韩国电子工业协会（韩国人口约4900万人）。

其次，EPR 制度的组织可行性是操作层面的考虑因素。在这一问题上，生产者和 PRO 的组织者则可能存在目标差异，生产者一旦同意引入 EPR 制度，当然希望具体执行回收任务的 PRO 能够尽量覆盖整个回收市场，既覆盖尽量多的生产企业，使市场上所有企业都面临公平的回收成本分担责任，也包括更高的回收率，使投入的回收资金能够产生更大的收益；而 PRO 或者 PRO 委托的负责执行回收活动的机构，则并不希望一开始就设定一个难以实现的回收目标。回收目标的可行性在一定程度上成为 EPR 制度在组织实施过程中的一个重要的谈判环节，形成一个具有一定弹性，并能随着 EPR 制度运行而不断提升的回收目标制定方法，对于 EPR 制度的长期运行非常重要。因此，政府扮演协商仲裁的角色，可以在承担责任的生产者与执行回收任务的 PRO 难以就回收目标达成一致时，根据资源环境效益的评估结果和试点项目的回收结果，给出一个目标值。

最后，实现回收目标的具体要求可以根据环境影响的重要性，选择产业内自愿协议和立法强制要求两种方式。强制要求主要针对环境影响较大的产品，其中也包括资源量大，或资源开采过程环境影响大，但回收材料的市场价格难以支持有效的市场化回收活动的产品。

3.3.3 PRO

PRO 是帮助 EPR 制度实施的重要组织方式。分散的企业单独实现自己产品消费后的回收责任，履行法律规定的回收目标，在很多情况下是不可行的。通过 PRO 这样一种制度建构，将分散的生产者与分散的回收、循环利用和处理企业联系起来，降低了从产品销售到废弃后的回收这一过程中的高度不确定性，也提高了逆向物流组织和循环利用设施的规模经济（图 3.1）。

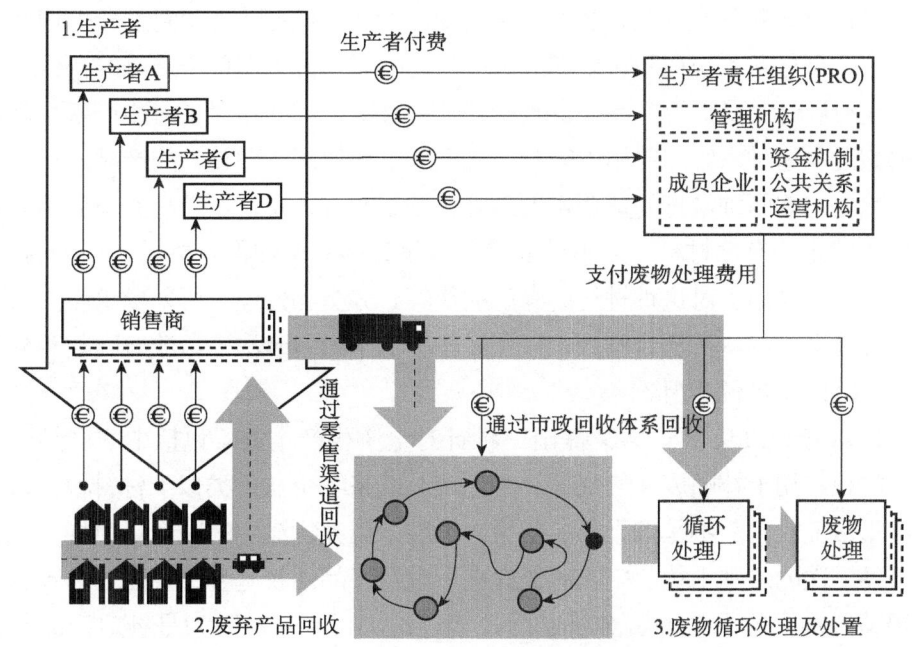

图 3.1　PRO 运行模式示意图

3.3.4 资金机制

EPR 制度的资金机制主要体现了生产者的经济责任，首先要保证回收利用系统的成本支出，其中包含了 EPR 管理机构的运行成本，以及废弃产品回收循环利用和处置的成本。此外，资金机制的设计对于是否能够实现 EPR 制度设计想要达到的激励生态设计的目标至关重要。EPR 制度常用的资金机制包括押金返还系统、预付费系统和其他针对上游生产者的税费系统等。

押金返还系统中消费者在购买产品的时候会支付一定比例的押金，当产品废弃后，消费者将产品送回零售商或指定的处理商时，获得返还的押金。押金返还系统主要用于饮料瓶，也逐渐用于电池、荧光灯管、轮胎和购物包等产品，以鼓励消费者循环利用。零售商在押金返还机制中发挥关键作用，承担了收集废弃产品并运输到处理中心的责任，而生产者则负责循环利用和处置。材料回收价值越高，押金回收系统的自发性就越强，而返还押金占产品价格的比重越高，消费者返还的积极性就越高。返还押金还可以采用零售商自己的消费券，有助于增加零售商的销售量，以吸引零售商参与。

预付费系统是指生产者在销售产品时预先支付一定比例的处理回收费用，既可以通过政府基金征收，也可以通过 PRO 收集，用以资助回收和处理环节的支出。预付费系统在回收处理成本下降的时候，会下调单个产品的预付费标准，还可以针对易拆解产品提供收费减让的激励，因此包含了对生产者生态设计的激励。这种系统主要用于轮胎、大型家电等使用年限较长的产品。

除了上面两种常见的资金机制以外，特定的材料税也可以起到引导企业减少使用特定的有毒材料，或者减少使用原生材料，增加再生材料利用的目的。税收收入可以用于对这种材料废弃后的收集、分类和处理，可以要求生产者承担循环处理的具体责任。例如，按照日本和法国的包装法，市政府回收和分类的支出就由材料税负担。

1998 年，EPR 讨论会又提出一种针对上游生产企业（包括中间产品生产者）的税，用于补贴废弃物处理，如铝锭、纸浆等企业，类似于材料税，按照材料重量征收，而不是基于产品数量，体现了废弃物流中的减量化目标，减少了产品层次的差别干扰。中国有废弃电子电器产品回收基金，我国台湾计算机和铅蓄电池回收系统的资金机制比较接近这种机制，但因为是针对产品制造商，仍然是与产品数量挂钩，而非与材料重量挂钩，所以并不能直接对减少资源消耗产生现实激励。

3.3.5 回收系统

回收系统是 EPR 系统中具体负责实施回收行动的技术途径。在发达国家，地方政府的城市生活垃圾收集处理基础设施在回收系统中发挥着非常重要的作用。尽管欧盟各国之间这一系统的覆盖率和效率仍然存在很大差异，但以包装材料为例，地方政府的生活垃圾分类收集系统完善的国家，EPR 系统的回收率也较高。而日本也是以市町村地方政府作为回收主体，来指导公众分类和完成收集工作的；在日本，地方政府的分类标准还与地方循环经济产业的发展结合起来，在生态镇规划中引入产业集群的概念，将消费后的废弃物分类直接与本地循环经济产业对材料分类的要求结合起来，在地方产业发展中将消费后的废弃物循环与本地生产企业的循环经济发展联系起来。

在政府经营的城市生活垃圾处理基础设施不足或效率低下的国家，EPR制度的引入鼓励了私营部门投资参与垃圾分类和处理基础设施的建设，特别是采用生产者预付费系统的国家，对回收和处理有直接的补贴激励，往往刺激了相关投资，使得特定废弃物的回收处理能力快速增长。在这种情况下，可以通过引入一定的竞争机制，限制回收处理能力的过度增长。

对于再利用价值高、使用年限长的产品，生产者直接建立针对自身产品的回收系统是最符合EPR制度设计思想的，体现了生产者个体责任的原则。在面向商业用户的高端服务器、专业打印复印一体机等办公设备、医疗设备、通信设备等，生产企业将废弃后的回收服务与售后服务、维修、升级、内部梯级淘汰等服务结合起来，帮助用户从设备更新过程中获得最大化的收益。这类实践在业内早已非常普及，只是随着技术的进步和产品的低值化，类似的实践难以扩展到一般家庭用户使用的非专业产品。

参考文献

[1] Rossem C, Tojo C N C N , Lindhqvist T. Extended Producer Responsibility: An Examination of its Impact on Innovation and Greening Products[R]. Lund：International Institute for Industrial Environmental Economics, 2006.

[2] Tong X, Yan L.From legal transplant to sustainable transition: Extended producer responsibility in the WEEE management in China[J]. Journal of Industrial Ecology, 17(2): 119-212.

[3] Boulding K. The economics of the coming spaceship earth[A]//Jarrett H. Environmental Quality in a Growing Economy[C]. Baltimore: John Hopkins University Press, 1966.

[4] Gabor D, Colombo U, et al. Beyond the Age of Waste, A Report to the Club of Rome[M]. Oxford: Pergamon,1976.

[5] Strasser S .Waste and Want: A Social History of Trash[M]. New York: Metropolitan Books, 1999.

[6] Graedel T, Allenby B R. Industrial Ecology[M]. Upper Saddle River: Prentice Hall, 1995.

[7] Lindhqvist T. Extended Producer Responsibility in Cleaner Production[M]. Lund: IIIEE Dissertations, Lund University, 2000.

[8] OECD. A Guidance Manual for Governments[R]. Paris: OECD, 2001.

[9] OECD. Analytical Framework for Evaluating the Costs and Benefits of Extended Producer Responsibility Programmes[R]. Paris: OECD, 2005.

第 4 章
世界各国家/地区 EPR 制度的实践经验

目前，EPR 制度已经在不同国家/地区得到应用，适用于多种类型废弃产品的管理。各国家/地区具体采用的政策工具和项目设计存在较大差别，总体来说在发达国家/地区以废弃物管制为主，集中在消费环节的控制；而在发展中国家/地区则以资金机制为主，面临非正式部门的管控问题。

4.1 欧盟

EPR 制度是欧盟废弃物框架的重要政策工具。欧盟于 2008 年出台了《废弃物框架指令》（Directive 2008/98/EC），对废弃物管理中的关键概念进行了界定，特别是循环利用、循环率、废弃物与再生资源、副产品等的区分界定。该指令还提出废弃物管理的基本原则，包括：①废弃物管理不能损害人体健康，不能造成水体、空气和土壤污染，控制噪声和臭气，不能损害乡村和其他区域的生态环境。②废弃物管理需要遵循减量化、再利用、再循环、能量回收和处置填埋的梯级次序原则，在技术可行的情况下，优先采用高梯级的管理途径，尽量避免材料的降级循环。特别是填埋指令对禁止垃圾填埋的要求、对促进分类和循环利用产生了决定性的影响。而 EPR 制度作为一种沟通生产-消费和废弃物处理全生命周期的政策工具，旨在为全面推动循环利用创造市场激励条件。EPR 制度目前在欧盟层次主要应用在以下四大产品类型。

4.1.1 包装材料

欧盟早在 20 世纪 80 年代初就引入了《废弃包装材料的管理规定》（Directive 85/339/EEC），其主要针对饮料瓶的回收和利用，但规定非常模糊，各成员国的实践差别很大。一些成员国制定了自己的废包装管理法令，其中德国的绿点系统和瑞典的押金返还制度都体现了 EPR 制度的原则，并成为 EPR 制度发展的重要实践来源。但各国的管理体制差异给再生资源市场造成一定的困扰，回收补贴的国家出现再生资源供给的快速增长，一定程度上冲击了原有原材料市场的均衡。为了协调跨国管理制度的矛盾，欧盟在成员国的要求下在 1992 年开始着手制定《欧盟废包装指令》（Directive 94/62/EC），以协调各国立法，降低废包装对环境的影响，并理顺欧盟统一市场机制。该指令对包装物的再利用和材料再循环做出了明确界定，以此作为各国制定废包装材料回收率的依据，在回收的组织方式上，可以参考德国的绿点系统或者瑞典的押金返还制度。

该指令涵盖所有进入欧盟市场的包装废弃物，包括工业、商业、办公、服务和家庭使用的任何材料的包装废弃物。所有成员国必须采取措施减少包装废弃物的产生，建立废包装回收和循环利用体系，并提出总体上按重量计 60% 的回收率目标（含材料回收和能量回收），以及针对不同材料的差别目标（如玻璃、纸 60%，金属 50%，塑料 22.5% 和木材 15%）。

2004 年，欧盟对《欧盟废包装指令》进行了评估，在此基础上进一步细化了"包装"的定义，并提高了回收率目标，优化了回收率的计算方法。2005 年，欧盟再次对其进行修订，为欧盟新增成员国实现回收率目标设置了过渡期。

4.1.2 电池

欧盟早在 1991 年就出台了《含有某些危险物质之电池和蓄电池指令》（Directive 91/157/EEC）对电池的生产和废弃处置进行管理，以改善电池产品的环境表现。针对电池中所含有的重金属有害物质，如汞、镉和铅，在焚烧和填埋中存在的环境风险，该指令要求所有成员国在处置和循环利用废电池中的有害物质时需要达到一定的基本要求：锰酸电池的含汞量逐步降低到 0.0005% 以下，其他电池含汞总量不超过 25mg，镉含量不超过 0.025%，铅含量不超过 0.4%。同时，该指令规定对废电池需要单独回收处理，并且由生产商负责回收。该指令提供的参考回收目标从年销售量的 25% 逐步增加到 45%，各成员国应该结合各自的国情制定不低于该指令最低目标的回收率。电池企业还有义务在产品上明确标示产品所含的有毒物质。这些规定体现了生产者在去除产品中的有毒成分、负责回收处理及信息标注方面的 EPR 责任。

该指令的实行遇到了极大的阻力，经过多年的评估和讨论，2006 年，欧盟发布了该指令的修订版（Directive 2006/66/EC），对特定化学物质和金属的含量做出了细分规定，坚持了一般性的汞和镉的含量限制，但对一些特殊类型电池，如纽扣电池、铅蓄电池做了豁免规定；同时提出产品设计要求，即电池必须易于从产品上分离。

在实践中，企业通常加入 PRO，以保证达到依据该指令制定的各国废电池管理要求，包括根据自身产品的类型，进行恰当的产品标注、注册，以及汇报、监控回收量和回收实施情况，按照各项时限要求进行注册、缴纳处理资金及履行其他相关责任。对于毒性较高的电池（如铅蓄电池），瑞典和德国等国家均采用押金返还制度，即消费者在购买时需要交纳押金，返还时销售商必须接受，并交给正规的处理企业，同时在消费者换购新品时扣除押金。

4.1.3　报废汽车

欧盟于 1997 年提出报废汽车指令的提案，要求对报废汽车采用环境友好的方式进行拆解和循环利用，对废旧汽车的再利用、再循环提出明确要求，并考察新设计车型的可再生利用性。该指令于 2000 年得以正式发布 (Directive 2000/53/EC – the "ELV Directive")，明确引入了 EPR 制度，旨在减少汽车报废带来的废弃物问题，针对的产品限于乘用车和小型商务车，内容涵盖了产品生命周期影响评价，以及废弃处理的内容，对产品中镉、铅、汞和六价铬等重金属的使用进行了限量规定，要求对报废汽车回收建立恰当的处理设施，对部分零部件要求进行无害化处理，并在配件上对材料信息提供标注。目前，欧盟正在对 3 项原有指令中的铅含量限量豁免进行修改评估，包括铝中的铅含量低于 0.4%，铜合金中的铅含量低于 4%，以及电池中的铅含量。

此外，欧盟在 2005 年对汽车产品许可类型指令的修订（Directive 2005/64/EC）中增加了对产品可再利用、材料可循环性的要求，要求乘用车和小型商用车的材料 85% 以上可以实现材料循环利用，包含能量回收的循环率达到 95% 以上，也体现了 EPR 制度对产品采用生态设计的目标。

根据设定的目标，报废汽车指令对生产者、循环处理企业、消费者和地方政府四类利益相关者做出了责任规定。生产者的责任在前面已经有细化的要求，报废汽车指令还要求消费者行为上的配合，并且为了指引消费者的行为，需要政府和企业向消费者传递相关信息。循环处理企业需要得到政府的资质许可，一般要求符合欧盟指令（75/442/EEC）的技术规定，此外还需要满足指令附件中的一些最低技术要求，包括：场地的地面硬化，滤清机油收集存放，油污部件存储防泄漏，电池、含 PCB/PCT 的压缩机等的合理存储，各种废油、润滑液等的恰当处理，废水处理等。此外，还有一些针对提高循环利用率的特定的处理要求，如催化剂、特殊金属、轮胎、塑料、玻璃等的拆解分离。

报废汽车指令实施以来，对汽车生态设计和循环利用产生了积极的影响，但因为报废汽车残值较高，并没有采用 PRO 的方式实施，结果欧洲本地的汽车拆解企业需要跟废旧汽车出口商竞争。目前，欧盟超过 50% 的报废汽车通过出口渠道流往欧盟以外的地区，对回收率的影响较大，也影响了欧盟在战略性金属方面的资源控制，因此如何提高回收率和资源再生效率仍然是报废汽车指令实施的关键议题。

4.1.4 废弃电子电器产品

电子废弃物是欧盟增长最快的废弃物种类之一，2005 年废弃量超过 900 万 t，预计 2020 年将达到 1200 万 t。电子废弃物构成复杂，既有需要合理处置的有害物质，如重金属和持久有机污染物，也有昂贵的稀有材料，如全球每年 10% 的黄金产量是用于电子产品生产的。因此，提高电子废弃物的循环利用对循环经济意义深远。

1998 年，欧盟提出关于废弃电子电气产品处理的指令草案初稿，旨在协调欧盟成员国内部电子废弃物管理立法的差异。草案中列举了电子废弃物处理目标和相应政策原则，经过欧盟各成员国讨论，有关电子废弃物处理的指令提案终稿在 2000 年得以修改通过，内容变为两部分：WEEE 指令和 RoHS 指令。

其中，WEEE 指令指按照欧盟第 75/442/EEC 号指令第一条 (a) 款定义确定为废弃物的电子或者电气设备，设计使用电压为交流电不超过 1000V 和直流电不超过 1500V 的、正常工作需要依赖电流或者电磁场的设备和实现这些电流与磁场的产生、传递和测量的设备。包括在产品抛弃作为其一部分的部件所有成分、部件和消耗件。具体包括：大型家用器具，小型家用器具，信息技术和远程通信设备，用户设备，照明设备，电气和电子工具（大型静态工业工具除外），玩具、休闲和运动设备，医用设备（所有被植入和被感染产品除外），监测和控制器械，自动售货机。各成员国在具体实施的时候通常会根据欧盟的框架定义再建立详细的产品目录。

在 WEEE 指令和 RoHS 指令实施过程中，欧盟开展了多次实施评估[1]，并分别于 2011 年和 2012 年对 RoHS 指令和 WEEE 指令中的产品种类、有害物质限量要求、回收目标及回收率计算方式、消费者行为责任等做出了修订，以应对电子废弃物持续加速增长的趋势。

综上所述，欧盟 EPR 制度的实践经历了从废弃包装的大宗废弃物到汽车、电子等复杂产品的发展过程，立法对生产者责任的具体内容逐渐清晰。到 2013 年，EPR 制度实践中所搜集的废弃产品总重量已经超过 1 亿 t，占城市固体废弃物产生量的 1/4 以上，但在实施方式上，生态设计激励与循环利用效率之间仍然存在一些矛盾和冲突。

4.2 日本

日本在经历了快速的经济发展以后，废弃物问题也逐渐突显出来。由于资源和国土相对紧缺，日本一直积极推动循环经济的发展模式。2000 年，日本出台了《建立循环型社会基本法》，此外，还有针对各类具体产品回收的专门法，如 1995 年的《容器与包装回收法》、1998 年的《家用电器回收法》、2002 年的《汽车回收法》等，都包含了 EPR 制度的原则[2]。此外，还有一系列相关法律，如《促进资源有效利用法》《建材回收法》《食物回收法》《促进绿色采购法》等。在日本的回收体系中，市町村地方政府在提供回收服务中发挥主要作用，生产者的责任主要体现在产品生态设计方面，此外也根据法律要求负责对已经分类回收后的材料加以循环利用。在产品价值较高的情况下，也有生产者将回收纳入提供给消费者的服务中。

4.2.1 容器与包装

废包装占日本城市固体废弃物的比重达到 55%～60%，1995 年日本开始实施的《容器与包装回收法》，要求居民对废包装进行分类投放，由市町政府负责收集，而制造商则负责将分类收集后的废包装材料进行循环处理，此外，制造商有义务在产品上做出材料和循环利用的标志。日本政府分别制定了明确的回收目标，实施结果显示包括纸质、塑料、玻璃和金属在内的各类包装材料的回收率和循环利用水平都有了明显的提升。此外，制造商在包装材料的选择和设计方面也做出了有利于垃圾减量和循环利用的改进。

4.2.2 特定家用电器

日本于 1998 年制定了《家电循环法案》，规定厂商需要对空调、电视、电冰箱、洗衣机 4 类大型家电产品的回收处理承担责任。该法案于 2001 年 4 月开始正式实施，规定用户在废弃电子产品的时候需要将废弃物送还零售商或政府指定的机构，并支付一定的回收处理费用，回收机构再负责将废弃物送还生产者进行处理，法律禁止填埋电子废弃物或出口电子废弃物的拆解材料。后付费机制导致了部分消费者非法弃置规避缴费。但根据实际运行的观察，非法弃置的量约占回收量的 1.5%。该法案还针对不同产品做出了回收率的要求，实际回收量超过了法案设定的回收率。日本的家电产品市场非常集中，少数几家生产商占据了绝大部分国内市场份额，因此市场领先企业主导了回收体系的运行。

依据《促进资源有效利用法》中对生产者责任的规定，制造商自发对废旧计算机进行回收和循环利用。日本从 2003 年 10 月开始实施企业、家庭用计算机的回收制度，并规定 2001 年 4 月开始出厂的计算机的回收费用先由厂商负担，从 2003 年 10 月该制度实施后费用可以加在销售产品中转嫁给消费者，在此之前厂商回收可以向消费者收取一定数量的回收处理费用。然而，由于日本计算机淘汰速度快，旧计算机多数经二手回收渠道翻新销往海外，所以实际回收量并不高。

2008 年以后，日本经济产业省、环境省持续探讨有关废旧手机等小型家电回收再利用问题，包括是否适用 EPR 制度。但由于小家电的收集运输成本相对较低，且更依赖消费者的行为，所以日本自 2013 年 4 月 1 日起施行《废旧小型电子产品等再资源化促进法》（简称《小型家电回收法》）。该法律不再向消费者或生产者收取处理费用，而是将手机、数码相机等小型废旧家电和电子产品纳入市町村的回收范围。由市町村政府决定是采用在公共场所设置回收箱，还是通过原有的社区回收渠道，要求住家将废弃小家电与其他废弃物分开投放。政府在试点阶段对处理设施建设和公众教育提供一定的补贴。此外，为了促进消费者在电子产品购买或维修的决策中充分考虑产品全生命周期的环境影响，环境省还建立了"新旧先生网"（http://shinkyusan.com/index.html#/index/top），为消费者提供产品维修和更新节能产品的信息，以强化消费者在整个产品链中的环境责任。

4.2.3 电池

日本80%以上的电池均通过零售店的电池回收盒得到回收，并做专门化处理。普通一次性电池重金属的含量逐步降低，回收价值较低，并不要求消费者在送回电池时对电池类型进行区分。对于充电电池的回收则依据《促进资源有效利用法》的规定，由制造商负责回收处理，具体包括镍镉电池、镍氢电池、锂离子电池和小型密封铅蓄电池四种电池。而电池厂商自1994年10月起，就自愿实施了电池收回计划，并逐步形成从消费者，到零售商家、汽车销售商和加油站，再到回收公司拆卸，再到铅、镍、钴等金属再生企业的逆向物流系统，保证整个过程能够按照环境保护标准实施循环利用和废弃物处置。以铅蓄电池为例，由于消费者交回电池是免费的，电池拆解回收的材料收入可以维持整个逆向物流系统的运转。

4.2.4 废旧汽车

日本的废旧企业回收责任由汽车销售商、服务商具体承担，费用则包含在汽车销售的价格中，回收后的汽车交由专业的汽车拆解处理企业处理，由生产商支付拆解处理费用。这种责任分担形式是市场运行的结果，因此相关立法引入EPR原则，对市场运行已经形成的责任分配加以明确，并突出鼓励生态设计、提高材料效率、促进循环利用的总体目标。

4.3 韩国

韩国在20世纪90年代就根据《促进资源节约和循环利用法》对电视、洗衣机、空调、冰箱的包装建立过基于生产者责任的押金返还制，由生产者向政府缴纳回收押金，并在实施回收和循环利用后获得返还[3]。但这一机制对消费者和生产者行为的引导作用有限。因此，从2003年开始，韩国建立基于EPR制度的产品循环系统，回收的产品包括电子废弃物、轮胎、电池、节能灯、包装，并制定了生产者需要达到的基于销售量计算的回收目标（表4.1）。按照相关法律规定，制造商、销售商、消费者、废弃物再利用企业和政府机构分别承担对电子废弃物循环再利用的责任（图4.1）。如果生产者回收和循环利用的废旧产品达不到一定比例,政府将对相关企业处以罚款。就某种具体产品而言,罚款的计算方法是:受罚企业被征收的罚款数额＝未完成的再生产品重量×该产品的标准再生成本×(115%～130%)。生产者可以选择三种方式之一承担回收责任:①自主回收(个体责任);②委托专业的回收公司回收;③参加 PRO(再利用事业共济组合)(表4.2)。如果参加 PRO,将由 PRO 提交回收计划给政府,如不能完成任务,将由再利用事业共济组合缴纳罚款,而不是其成员企业。结果 90% 的生产企业都参加了 PRO。

表 4.1 韩国 EPR 制度对各种产品循环利用率的要求 (单位:%)

年份	2006	2007	2008	2009	2010	2011	2012	2013
电视	12.6	13.3	14.5	16.0	19.0	21.0	27.2	36.2
冰箱	16.9	17.3	18.9	20.6	22.1	25.0	26.7	34.3
洗衣机	23.4	24.2	25.3	26.1	27.4	28.5	31.7	38.8
空调	1.7	1.9	2.1	2.3	2.4	2.4	2.7	8.8
个人计算机	9.4	9.8	10.3	11.1	12.3	14.0	15.3	22.9
音频设备	12.7	13.1	14.9	15.5	17.0	18.5	20.0	26.8
移动电话	15.4	16.5	18.0	19.8	22.0	23.0	35.6	39.9
打印机	8.4	9.2	11.2	11.9	13.4	15.0	15.0	21.8
复印机	8.4	9.4	12.7	13.3	14.2	15.0	16.0	23.4
传真机	8.4	9.4	11.4	12.1	13.4	15.0	15.6	22.3

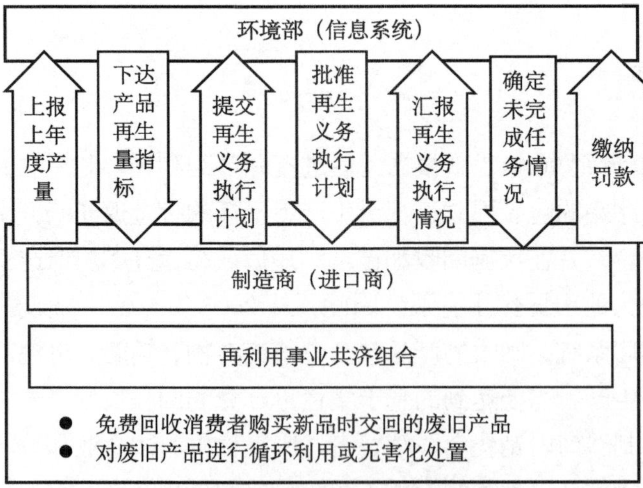

图 4.1 韩国 EPR 的管理体系

表4.2　不同主体间的责任划分

责任类型	回收		处理		监督执行
具体管理	地方政府	零售商	生产者	循环业者	PRO
资金机制	消费者付费		生产者	生产者	生产者	环境部和韩国环境资源财团
信息责任	地方政府		生产者	生产者	PRO

强制责任刺激了再生利用产业的扩大,到 2013 年,全国形成七大循环利用中心,仅电子产品处理能力就达到 11.7 万 t/a。在提高回收率的同时,为了鼓励循环利用,2008 年,韩国对法案进行了修改,要求地方政府在人口超过 2 万人的区设立二手产品交换中心以促进再利用。此外,韩国对包装材料和结构的可循环利用性也做出了规定。

为了进一步强调生态设计,韩国于 2008 年出台了《电子电器产品和汽车资源循环法案》,将有害物质限量、可循环产品设计、回收目标等综合起来,从侧重废弃后的回收利用率转向突出产品设计阶段的污染预防。此外,该法案还加入了对零售商的回收责任要求。

4.4 美国、加拿大

美国和加拿大都没有联邦层次的 EPR 立法,但是各州针对不同的产品出台了基于 EPR 原则的管理法令[4],并且近年来采纳 EPR 原则的州不断增加。2006 年,美国只有 14 个州出台了基于 EPR 制度的产品回收法案,到 2013 年增加到 30 个,覆盖的产品包括电子废弃物、含汞开关/恒温器、电池、涂料、节能灯、化学制剂容器等。其中,含汞电池管理法自 1996 年就实施了,要求禁止销售含汞电池(除小型纽扣电池),对产品进行标注和循环利用。加利福尼亚州和纽约州要求回收利用充电电池,此外缅因州要求回收利用手机(表4.3)。

表4.3　美国各州现行EPR法律的颁布情况(2013年)

产品	法律数量/部	实施EPR法律的州
电子废弃物	23	康奈迪克、夏威夷、印第安纳、缅因、马里兰、密歇根、明尼苏达、密苏里、北卡罗来纳、新泽西、纽约、俄克拉荷马、俄勒冈、宾夕法尼亚、罗德岛、南卡罗来纳、得克萨斯、弗吉尼亚、华盛顿、西弗吉尼亚、威斯康星

产品	法律数量/部	实施EPR法律的州
含汞开关	15	阿肯色、伊利诺伊、印第安纳、艾奥瓦、路易斯安那、缅因、马里兰、马萨诸塞、新泽西、北卡罗来纳、罗德岛、南卡罗来纳、犹他、弗吉尼亚、佛蒙特
含汞恒温器	10	加利福尼亚、康涅狄格、艾奥瓦、伊利诺伊、缅因、蒙大拿、新罕布什尔、宾夕法尼亚、罗德岛、佛蒙特
电池	9	加利福尼亚、佛罗里达、艾奥瓦、缅因、马里兰、明尼苏达、新泽西、纽约、佛蒙特
涂料	4	加利福尼亚、康涅狄格、俄勒冈、罗德岛
节能灯	3	缅因、佛蒙特、华盛顿
地毯	1	加利福尼亚
农药容器	1	加利福尼亚
框架	1	缅因

美国对废弃物的管理秉持地方化的原则,由州政府根据当地废弃物管理的资金、环境问题的优先性,以及产品的市场结构等因素,决定是否采用EPR制度。此外,美国国家环境署与非政府组织(NGO)合作,推出了产品全生命周期管理的企业自愿行动倡议,提出生产者、消费者、地方政府等废物管理的相关利益主体自愿合作,改善废物管理的效果。

加拿大各州出台的包含EPR原则的法令覆盖的产品类型包括家电、废油、轮胎、有机废弃物、饮料瓶、包装、打印纸、涂料、打印材料、荧光灯、电池、药品、刀具、汽车、含汞设备、手机、防冻剂、一次性购物袋等,各州根据自己的废弃物管理优先目标决定适用的产品种类和管理途径,具体政策措施非常多样化,并且强调产品生命周期相关主体共同负责的观念(product stewardship),并不只强调生产者,而且大多采用产业内自愿协议的方式。

4.5 中国(含台湾)

随着中国经济发展水平不断提高,城市废弃物管理问题越来越突出。与此同时,随着工业化进程的加速,与废弃物管理密切相关的资源消耗和环境问题也日益严重。2006年,《循环经济法》将EPR制度正式引入我国环境立法框架,"十二五"规划中也将EPR制度认定为推动我国生产者消费全过程中的循环经济发展的关键组织途径。不过,实践进展最快的要数电子电器产品领域。《废弃电器电子产品回收处理管理条例》于 2008 年 8 月 20 日国务院第 23 次常务会议通过，这是我国第一部依据 EPR 原则设计的针对特定产品废弃后的回收处理管理法规。2009 年以前，电子废弃物管理立法一直处于试点和摸索阶段，2009 年家电以旧换新政策推广实施，对拆解处理行业的正规化产生了巨大的推动作用。2012 年 7 月，《废弃电器电子产品处理基金征收使用管理办法》正式实施。作为日益重要的世界制造业基地，中国在基于 EPR 制度的全球环境治理体系中有着举足轻重的地位。

中国大陆的 EPR 制度在发展过程中大量借鉴了台湾地区的管理经验，其中最重要的就是政府基金制度。台湾地区自 1988 年起规定，物品或其包装、容器经食用或使用后，若存在下列性质的，包括"不易清除、处理""含长期不易腐化成分""含有害物质成分"及"具回收再利用价值"等方面，由该物品或其包装、容器之制造、输入或原料之制造、输入业者负责回收、清除、处理，并由贩卖业者负责回收、清除工作[5][6]。这一规定反映了 EPR 制度的基本原则。与此同时，台湾地区从 1989 年开始，还逐年公布必须回收的可回收物目录。随着社会发展变迁，台湾地区的资源回收系统在原有非正式体系转型的基础上，逐渐形成现有的循环经济产业。1997 年，台湾地区规定制造及输入业者，依核定之费率缴纳"回收清除处理费"，成立"资源回收基金"，建立纳入当局体系的回收基金会。物品及容器的制造、输入、贩卖业者，必须负起回收责任，方式是要先申报营业的数量，并按照当局公告的费率，缴纳处理费到这一"资源回收基金"。而资源回收在台湾地区形成专业化的体系，最基层的回收参与者（学校小区、卖场、地方政府清洁队、民间宗教社会福利组织）回收后，或送或卖，进入资源回收清除业者（资源回收企业），以及资源循环业者，这些处理业经过稽核认证后，就可以向回收基金会，依种类数量得到补贴。

4.6 其他发展中国家

由于发展中国家经济发展带来消费的快速增长，未来废弃物管理和资源消耗的挑战主要来自发展中国家，所以有必要在发展中国家建立高效的废弃物管理系统[7]。但 OECD 成员国的 EPR 实践是否适用于发展中国家仍然存在较大争论。其中最突出的问题是发展中国家普遍存在巨大的贫富差异，依靠资源回收生存的非正式部门往往自发实现了较高的资源回收率，正规的废弃物管理体系与之竞争往往并不具有效率优势。但非正式部门在环境和职业健康保护方面存在大量问题，而发展中国家非正式部门的存在，客观上还造成了对发达国家所运行的废弃物管理体系的冲击，跨国运输导致部分发达国家的废旧产品输出到发展中地区，既降低了发达国家回收体系的回收率，也增加了发展中地区废弃物处理过程中的环境负担和风险。这一问题在电子废弃物领域特别引人注目。早期的研究集中在再生资源贸易中的有毒有害废弃物跨境转移问题，并形成了以《巴塞尔公约》为代表的，旨在切断有毒有害废弃物从发达国家向发展中国家非法转移的国际间政府协议。

  但随着发展中国家自身废弃物问题的发展，近年来有关EPR制度的法律移植研究受到关注。EPR制度在非OECD成员国的采用主要集中在电子废弃物领域，并深受欧盟立法的影响。一方面，RoHS指令对于有害物质限量的规定在电子产品出口大国迅速被采纳为国内标准，中国、泰国都出台了单独的针对有害物质限量的法规，而印度、阿根廷则将有害物质限量与废弃产品回收法令结合在一起。另一方面，这些发展中国家大多选择了政府基金的方式，如越南、泰国都是由生产者缴纳循环处理费用给政府基金，再通过政府基金补贴回收和处理，越南还提出了类似韩国的生产者回收目标，体现了生产者的直接回收责任。阿根廷、南非的电子废弃物管理立法草案中也考虑采用政府基金的方式。

  政府基金的方式主要是适应发展中国家依靠地方政府运行的回收基础设施不足的现状，通过基金补贴的方式，建立相关的回收处理基础设施，例如，阿根廷的立法草案中计划在所有超过10 000人的社区建立专门的回收点。此外，在基金补贴的资助下，正式的循环利用企业还能提供比非正式回收业者更有竞争力的回购价格，从而将废弃物流引向正规渠道，这方面中国的家电以旧换新计划为发展中国家做出了示范。不过，目前政府基金方式最大的缺陷是缺少对生产者开展生态设计和提高回收率的有效激励。

  [致谢：感谢国家自然科学基金项目"基于生产者责任延伸制度的电子产业技术转型研究"（项目编号：41271548）资助研究]

参考文献

[1] Huisman J, Magalini F, Kuehr R, et al. 2008 review of directive 2002/96 on waste electrical and electronic equipment [A]//ENV.G.4/ETU/2006/0032. Bonn, Germany: United Nations University, 2008.

[2] Ogushi Y, Kandlikar M. Assessing extended producer responsibility LAWS in JAPAN[J]. Environmental Science & Technology, 2007, 41:4502-4508.

[3] Manomaivibool P, Hong J H. Two decades, three WEEE systems: How far did EPR evolve in Korea's resource circulation policy?[J]. Resources, Conservation and Recycling, 2014, 83: 202-212.

[4] Sachs N. Planning the funeral at the birth: Extended producer responsibility in the European Union and the United States[J]. Harvard Environmental Law Review, 2006, 30:51-98.

[5] Lee C H, Chang C T, Tsai S L. Development and implementation of producer responsibility recycling system[J]. Resources, Conservation and Recycling, 1998, 24:121-135.

[6] Lee C H, Chang C T, Wang K M, et al. Management of scrap computer recycling in Taiwan[J]. Journal of Hazardous Materials, 2000, 73(3):209-220.

[7] Manomaivibool P. Extended producer responsibility in a non-OECD context: The management of waste electrical and electronic equipment in India[J]. Resources, Conservation and Recycling, 2009, 53: 136-144.

第 5 章
中国 EPR 制度建设概述

5.1 中国实施EPR制度的背景

5.1.1 电器电子产品制造业平稳增长

改革开放以来，我国电器电子产品制造业实现了持续快速发展，特别是进入 21 世纪以来，我国已成为全球最大的电器电子产品制造基地，在通信、高性能计算机、数字电视等领域取得一系列重大技术突破，在产业规模、产业结构、技术水平得到大幅提升。2001～2010 年，销售收入年均增长约 30%。2013 年，全国电子信息产业销售收入 12.4 万亿元，同比增长 12.7%；出口 7807 亿美元，同比增长 11.9%，占全国外贸出口比重达到 35.3%，对全国外贸出口增长的贡献率为 51.1%。2013 年，家用电冰箱累计生产 9340.6 万台，累计同比增长 10.6%；房间空气调节器生产 14 332.9 万台，累计同比增长 11.6%；家用洗衣机生产 7201.9 万台，累计同比提高 8.2%。手机、计算机和彩电等产品产量分别达到 14.6 亿部、3.4 亿台和 1.3 亿台，占全球出货量比重均在半数以上。根据工业和信息化部统计数据，2015 年，家用电冰箱、房间空气调节器和家用洗衣机产量分别为 8992.8 万台、15649.8 万台和 7274.5 万台。手机和彩色电视机的产量分别为 18.1 亿部和 1.4 亿台。其中智能手机和智能电视分别为 13.99 亿台和 8383.5 万台，分别占比达到 77.2% 和 57.9%。

5.1.2 电器电子产品资源消耗大但回收价值高

在产业迅速发展的同时，我们也更需要清醒地看到，产业发展依赖着金、银、铝、铜、铁等有色贵金属，依赖着石油化工产品——塑胶等资源，庞大的产业规模消耗着大量资源，而且产业增长越快意味着资源消耗越快。

但废弃电器电子产品中蕴含着丰富的可回收资源，如有色金属、塑胶、玻璃等。以计算机主机为例，所含铜、铝、钢、铁、塑胶等约占其重量的90%，另含有少量贵金属金、银、钯等。此外，一些不受使用年限制约的零部件，如果经有效措施处理后进行再制造，能节省加工制造成本。[1]

5.1.3 废弃电器电子产品增长迅速

随着产品更新换代的加快，废弃电器电子产品的数量越来越大。丧失使用价值的电器电子产品被称为电子废弃物，或电子垃圾。据统计，电子废弃物以每5年16%～28%的速度增长，比社会总废弃物量的增长速度快3倍。一方面，我国在成为电器电子产品生产和消费大国的同时，由于社会保有量的增加也成了废弃电器电子产品的产生大国。中国家用电器研究院发布的《2015中国废弃电器电子产品回收处理及综合利用行业白皮书》显示，2015年，废电视机理论报废量为3015万台，废电冰箱理论报废量为1705万台，废洗衣机理论报废量为1545万台，废房间空调器理论报废量为2432万台，废微型计算机理论报废量为3742万台，总计1.24亿台，且预计今后中国废弃电器电子产品的数量将继续快速增长。此外，每年还有大量的手机、复印机、传真机、打印机等电子产品报废淘汰。另一方面，受环境利益和经济利益双重驱使，我国也是国外废弃电器电子产品的主要输入地，全世界的废弃电器电子产品的80%被运到亚洲，其中90%输入中国。

5.1.4 废弃电器电子产品处理不规范

一般废弃电器电子产品中含有铅、汞、镉、六价铬等重金属，以及多溴联苯（PBB）、多溴二苯醚（PBDE）等溴化阻燃剂；废旧电视机显像管和电脑显示器是易爆炸的废物；彩管玻璃、印制电路板上的焊锡及塑胶等都含有有毒物质；计算机含有700多种化学原料，其中50%对人体有害[2]。如果不加任何处理地掩埋、焚烧或者丢弃，废弃电器电子产品产生的有害物质将对土壤、空气、水源等造成难以逆转的严重污染，对人类健康构成极大威胁。

与传统的再生资源（如废塑料、废纸、废金属）相比，废弃电器电子产品是一类新兴的再生资源。它不仅具有资源性，同时也具有潜在的环境危害性，需要专业的处理技术和工艺。在利益的驱动下，中国形成了非常庞大的废弃电器电子产品回收大军和拆解处理集散地。中国废弃电器电子产品回收处理面临的不是资源问题，而是由于不规范拆解处理带来的环境问题。

过去我国废弃电子电器产品主要通过小商小贩以"散兵游勇"式的走街串巷方式进行收购，然后进行翻新再使用或拆解利用，这种回收方式简单，操作不规范，为后续处理带来很多不便。

由于法规制度、监管体系尚不健全，以及巨额利润的诱惑，2013年之前中国废弃电器电子产品的再生利用基本上处于无序状态，某些地区存在为数众多的拆解处理废弃电器电子产品的个体手工作坊，大量电子废弃物采用露天焚烧、强酸浸泡等原始落后方式提取贵金属，随意排放废气、废液、废渣，对大气、土壤和水体造成了严重污染，危害了人类健康。其中在国际社会影响较大的中国废弃电器电子产品拆解处理集散地有浙江省台州市和广东省贵屿镇等地区。广东省贵屿镇自21世纪初起因为媒体的报道而闻名于世，其处理废弃电器电子产品的方式被媒体形容为"用19世纪的工艺处理21世纪的垃圾"[3]，这种方式造成了资源浪费，给环境和人体健康带来了极大危害。贵屿镇作为国内乃至世界最大的电子废弃物拆解处理集散地，也是废弃电器电子产品中有害物质对环境造成不可逆污染影响最明显的受害地之一。贵屿镇位于汕头市朝南区，占地面积$52.4km^2$，下辖四个片区28个村（居），15万常住人口。20世纪80年代末90年代初，贵屿镇开始涉及旧五金电器的拆解，由于获利丰厚，整个行业规模不断扩大，大量国外废弃电器电子产品通过深圳、广州和南海的转运站，大规模进入贵屿镇。贵屿镇拆解的废弃电器电子产品主要来源于：进口废料；珠江三角洲一带企业边角废料、残次品和淘汰废旧产品；全国各地回收的废旧电器电子产品。经过十几年的发展，贵屿镇已形成回收、拆解、再加工、销售的废弃电器电子产品循环利用的完整产业链。但是，贵屿镇废弃电器电子产品循环利用模式较为粗放，管理不规范，落后的工艺技术造成了较大的环境污染。

5.1.5　正规回收遭遇困境

随着资源消耗的不断增长、废弃电器电子产品的快速积累，我国制造业发展面临的资源与环境压力将越来越大，产业的国际竞争力提升也将受到制约。我国对废弃电器电子产品回收处理问题关注度不断提高，推动了废弃电器电子产品回收处理率，促进了资源的再利用。2003年12月，国家发展和改革委员会（简称国家发改委）确定了浙江省、青岛市为国家废旧家电回收处理试点省市，同时将浙江省、青岛市试点项目，以及北京市、天津市废旧家电示范工程纳入了第一批节能、节水、资源综合利用项目国债投资计划。但正规回收企业面临多个问题，导致基本处于亏损状态。一是由于回收体系尚未建立，回收量不够，处理企业很难达到处理规模。二是由于正规处理企业处理工艺规范，对产生的废水、废渣、废气均进行处理，资金投入较大，成本居高不下，无法长期维持。此外，按照中国实际情况，消费者在处理废旧电子电器产品时，一般将其出售给小贩。因此，国内正规处理企业在回收处理废旧电子电器产品时也需要支付相应费用。据杭州大地环保公司统计，"四机一脑"（电视机、电冰箱、房间空调器、洗衣机、微型计算机）的平均回收价格为每台153元（不含运输费及回收人员的工资等成本）。[4]

总之，随着废弃电器电子产品处理技术的不断完善，处理资金成为制约废弃电器电子产品无害化、资源化处理的难点。要解决中国废弃电器电子产品循环利用问题，按照已有模式需要消耗大量的社会资源，但生产者并没有参与其中，发挥其应有的作用。

从其他发达国家和地区的废弃电器电子产品管理实践证明，将EPR制度引入废弃电器电子产品回收处理管理中，明确电器电子产品生产者为废弃产品回收、处理和处置责任的核心主体，是解决废弃电器电子产品问题的行之有效的方法。因此，根据我国现实情况，需要建立适合中国行业发展的EPR制度，使电器电子产品环境成本内部化。

在发达国家和地区针对废弃电器电子产品回收处理管理立法、倡导EPR制度，形成技术性贸易壁垒，以及我国废弃电器电子产品回收处理过程中，环境污染严重、资源浪费双重因素的影响下，从2001年开始，国家发改委（原国家经贸委）启动我国废弃电器电子产品回收处理管理的立法工作。2009年2月25日，国务院发布《废弃电器电子产品回收处理管理条例》，自2011年1月1日起施行。该条例的实施标志着我国EPR制度从电器电子产品行业开始推进。

5.2 EPR管理体系

中国迄今还没有把"EPR"列入法律条文，但是在已有的诸多"法"的条文中，体现出了EPR的理念。例如，2005年5月1日实施的《固体废物污染环境防治法》第十八条规定，生产、销售、进口依法被列入强制回收目录的产品和包装物的企业，必须按照国家有关规定对该产品和包装物进行回收。2009年实施的《循环经济促进法》第十五条规定，生产列入强制回收名录的产品或者包装物的企业，必须对废弃的产品或者包装物负责回收；对其中可以利用的，由各该生产企业负责利用；对因不具备技术经济条件而不适合利用的，由各该生产企业负责无害化处置。对前款规定的废弃产品或者包装物，生产者委托销售者或者其他组织进行回收的，或者委托废物利用或者处置企业进行利用或者处置的，受托方应当依照有关法律、行政法规的规定和合同的约定负责回收或者利用、处置。对列入强制回收名录的产品和包装物，消费者应当将废弃的产品或者包装物交给生产者或者其委托回收的销售者或者其他组织。

虽然《固体废物污染环境防治法》和《循环经济促进法》中提出的"强制回收名录"制度还没有出台，但是 2009 年国务院发布的《废弃电器电子产品回收处理管理条例》与发达国家相似，其核心是建立 EPR 制度。

图 5.1 是我国电器电子产品 EPR 管理体系。从人大立法、国务院令到部门规章共分为三个层级，涵盖设计产品的绿色设计与制造、回收、再使用／再制造、处理和综合利用和处置多个环节。

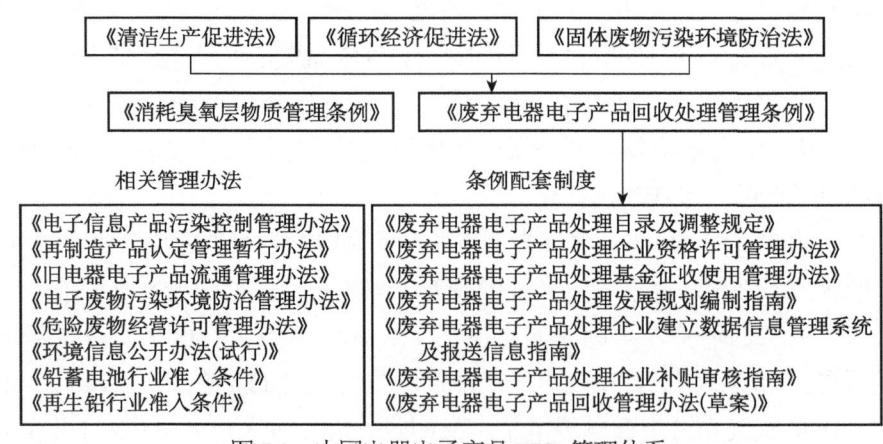

图 5.1　中国电器电子产品 EPR 管理体系

5.3　《废弃电器电子产品回收处理管理条例》

该条例规定我国废弃电器电子产品回收处理实行多渠道回收、集中处理的方式，并规定了政府的管理职责和相关方的责任和义务，确立了我国废弃电器电子产品处理目录制度、基金制度、处理企业资质许可制度等配套政策。其中，国务院环境保护主管部门会同国务院资源综合利用、工业信息产业主管部门负责组织拟订废弃电器电子产品回收处理的政策措施并协调实施，负责废弃电器电子产品处理的监督管理工作；国务院资源综合利用主管部门会同国务院环境保护、工业信息产业等主管部门制订和调整《目录》，报国务院批准后实施；国务院财政部门会同国务院环境保护、资源综合利用、工业信息产业主管部门负责制定废弃电器电子产品处理基金征收、使用、管理的具体办法，报国务院批准后施行；省级人民政府环境保护主管部门会同同级资源综合利用、商务、工业信息产业主管部门编制本地区废弃电器电子产品处理发展规划，报国务院环境保护主管部门备案；设区的市级人民政府环境保护主管部门审批废弃电器电子产品处理企业资格；国务院商务主管部门负责废弃电器电子产品回收的管理工作。表5.1为电器电子产品回收处理相关方的责任。

表5.1 电器电子产品回收处理相关责任表

相关方名称	责任内容
生产商/进口商	电器电子产品生产者、进口电器电子产品的收货人或者其代理人应当按照规定履行废弃电器电子产品处理基金的缴纳义务 电器电子产品生产者、进口电器电子产品的收货人或者其代理人生产、进口的电器电子产品应当符合国家有关电器电子产品污染控制的规定，采用有利于资源综合利用和无害化处理的设计方案，使用无毒无害或者低毒低害及便于回收利用的材料 电器电子产品上或者产品说明书中应当按照规定提供有关有毒有害物质含量、回收处理提示性说明等信息 国家鼓励电器电子产品生产者自行或者委托销售者、维修机构、售后服务机构、废弃电器电子产品回收经营者回收废弃电器电子产品
销售者、维修机构、售后服务机构	应当在其营业场所显著位置标注废弃电器电子产品回收处理提示性信息。回收的废弃电器电子产品应当由有废弃电器电子产品处理资格的处理企业处理
回收经营者	应当采取多种方式为电器电子产品使用者提供方便、快捷的回收服务 应当将回收的废弃电器电子产品交由有废弃电器电子产品处理资格的处理企业处理
处理企业	取得废弃电器电子产品处理资格，依照《公司登记管理条例》等规定办理登记并在其经营范围中注明废弃电器电子产品处理的企业，方可从事废弃电器电子产品处理活动 申请废弃电器电子产品处理基金，用于废弃电器电子产品回收处理费用的补贴 处理废弃电器电子产品，应当符合国家有关资源综合利用、环境保护、劳动安全和保障人体健康的要求 禁止采用国家明令淘汰的技术和工艺处理废弃电器电子产品 处理企业应当建立废弃电器电子产品处理的日常环境监测制度 处理企业应当建立废弃电器电子产品处理的数据信息管理系统，向所在地的社区的市级人民政府环境保护主管部门报送废弃电器电子产品处理的基本数据和有关情况。废弃电器电子产品处理的基本数据的保存期限不得少于3年 处理企业处理废弃电器电子产品，依照国家有关规定享受税收优惠 回收、储存、运输、处理废弃电器电子产品的单位和个人，应当遵守国家有关环境保护和环境卫生管理的规定

5.3.1 废弃电器电子产品目录制度

2010年9月8日,经国务院同意,国家发改委、环境保护部(简称环保部)、工信部联合发布了《废弃电器电子产品处理目录(第一批)》及《制订和调整废弃电器电子产品处理目录的若干规定》的公告。

《废弃电器电子产品处理目录(第一批)》产品为电视机、电冰箱、洗衣机、房间空调器和微型计算机。该目录不仅明确了产品种类,即"四机一脑",同时也明确了产品的范围(表5.2)。

表5.2 《废弃电器电子产品处理目录(第一批)》

序号	产品种类	产品范围
1	电视机	阴极射线管(黑白、彩色)电视机、等离子电视机、液晶电视机、背投电视机及其他用于接收信号并还原出图像及伴音的终端设备
2	电冰箱	冷藏冷冻箱(柜)、冷冻箱(柜)、冷藏箱(柜)及其他具有制冷系统、消耗能量以获取冷量的隔热箱体
3	洗衣机	波轮式洗衣机、滚筒式洗衣机、搅拌式洗衣机、脱水机及其他依靠机械作用洗涤衣物(含兼有干衣功能)的器具
4	房间空调器	整体式空调器(窗机、穿墙式等)、分体式空调器(分体壁挂、分体柜机等)、一拖多空调器及其他制冷量在14 000W及以下的房间空气调节器具
5	微型计算机	台式微型计算机(包括主机、显示器分体或一体形式、键盘、鼠标)和便携式微型计算机(含掌上电脑)等信息事务处理实体

《制订和调整废弃电器电子产品处理目录的若干规定》规定了废弃电器电子产品处理目录制定的主体、制定的原则,以及制定、调整的程序等。

根据《废弃电器电子产品回收处理管理条例》的规定,废弃电器电子产品目录制定和调整的主体为国家发改委同环保部、工信部成立的目录管理委员会,该委员会下设专家小组、行业小组、企业小组。制定废弃电器电子产品目录遵循以下原则:①社会保有量大、废弃量大;②污染环境严重、危害人体健康;③回收成本高、处理难度大;④社会效益显著、需要政策扶持。

2010年12月21日,根据经国务院批准的《制订和调整废弃电器电子产品处理目录的若干规定》第七条规定,国家发改委、海关总署、环保部、工信部公布了《废弃电器电子产品处理目录(第一批)适用海关商品编号(2010年版)》。进出口列入该编号的电器电子产品适用《废弃电器电子产品回收处理管理条例》的有关规定。

2015年2月9日,经国务院同意,国家发改委、环保部、工信部、海关总署、国家税务总局联合发布了《废弃电器电子产品处理目录(2014年版)》,自2016年3月1日起实施,《废弃电器电子产品处理目录(第一批)》同时废止。

表 5.3 为《废弃电器电子产品处理目录（2014 年版）》。

表5.3 《废弃电器电子产品处理目录（2014年版）》

序号	产品名称	产品范围及定义
1	电冰箱	冷藏冷冻箱（柜）、冷冻箱（柜）、冷藏箱（柜）及其他具有制冷系统，消耗能量以获取冷量的隔热箱体（容积≤800L）
2	空气调节器	整体式空调器（窗式、穿墙式等）、分体式空调器（挂壁式、落地式等）、一拖多空调器等制冷量在14 000W及以下（一拖多空调时，按室外机制冷量计算）的房间空气调节器具
3	吸油烟机	深型吸排油烟机、欧式塔形吸排油烟机、侧吸式吸排油烟机和其他安装在炉灶上部，用于收集、处理被污染空气的电动器具
4	洗衣机	波轮式洗衣机、滚筒式洗衣机、搅拌式洗衣机、脱水机及其他依靠机械作用洗涤衣物（兼有干衣功能）的器具（干衣量≤10kg）
5	电热水器	储水式电热水器、快热式电热水器和其他将电能转换为热能，并将热能传递给水，使水产生一定温度的器具（容量≤500L）
6	燃气热水器	以燃气作为燃料，通过燃烧加热方式将热量传递到流经热交换器的冷水中以达到制备热水目的的一种燃气用具（热负荷≤70kW）
7	打印机	激光打印机、喷墨打印机、针式打印机、热敏打印机和其他与计算机联机工作或利用云打印平台，将数字信息转换成文字和图像并以硬拷贝形式输出的设备，包括以打印功能为主，兼有其他功能设备（印刷幅面<A2，印刷速度≤80张/min）
8	复印机	静电复印机、喷墨复印机和其他用各种不同成像过程产生原稿复印品的设备，包括以复印功能为主，兼有其他功能的设备（印刷幅面<A2，印刷速度≤80张/min）
9	传真机	利用扫描和光电变换技术，把文字、图表、相片等静止图像变换成电信号发送出去，接收时以记录形式获取复制稿的通信终端设备，包括以传真功能为主，兼有其他功能的设备
10	电视机	阴极射线管（黑白、彩色）电视机、等离子电视机、液晶电视机、OLED电视机、背投电视机、移动电视接收终端及其他含有电视调谐器（高频头）的用于接收信号并还原出图像及伴音的终端设备
11	监视器	阴极射线管（黑白、彩色）监视器、液晶监视器等由显示器件为核心组成的图像输出设备（不含高频头）
12	微型计算机	台式微型计算机（含一体机）和便携式微型计算机（含平板电脑、掌上电脑）等信息事务处理实体
13	移动通信手持机	GSM手持机、CDMA手持机、SCDMA手持机、3G手持机、4G手持机、小灵通等手持式的，通过蜂窝网络的电磁波发送或接收两地讲话或其他声音、图像、数据的设备
14	电话单机	PSTN普通电话机、网络电话机（IP电话机）、特种电话机和其他通信中实现声能与电能相互转换的用户设备

2016年4月25日,为贯彻实施《废弃电器电子产品处理目录(2014年版)》,帮助各相关部门、电器电子产品生产企业、废弃电器电子产品处理企业及社会各有关方面理解目录范围,国家发改委、环保部、工信部、财政部、海关总署、国家税务总局组织有关专家制定了《<废弃电器电子产品处理目录(2014年版)>释义》。该目录释义根据《废弃电器电子产品回收处理管理条例》立法宗旨,并参考有关产品的国家标准、进出口税则商品及品目注释制定。

5.3.2 《废弃电器电子产品处理基金征收使用管理办法》

为了规范废弃电器电子产品处理基金征收使用管理,根据《废弃电器电子产品回收处理管理条例》规定,财政部制定了《废弃电器电子产品处理基金征收使用管理办法》。该办法规定了纳入目录的电器电子产品生产者和进口者缴纳基金的标准,以及获得废弃电器电子产品处理资质许可的企业获得基金补贴的标准。处理企业按照实际完成拆解处理的废弃电器电子产品数量给予定额补贴。基金补贴标准为:电视机85元/台、电冰箱80元/台、洗衣机35元/台、房间空调器35元/台、微型计算机85元/台。基金征收标准:电视机13元/台、电冰箱12元/台、洗衣机7元/台、房间空调器7元/台、微型计算机(包括便携式微型计算机、一体台式微型计算机、台式微型计算机生产配套用的显示器等)10元/台。

2015年11月26日,财政部、环保部、国家发改委、工信部共同公布调整后的废弃电器电子产品处理基金补贴标准(表5.4),自2016年1月1日起施行。

表5.4 废弃电器电子产品处理基金补贴标准 (单位:元/台)

序号	产品名称	品种	补贴标准	备注
1	电视机	14in及以上25in以下阴极射线管(黑白、彩色)电视机	60	14寸以下阴极射线管(黑白、彩色)电视机不予补贴
		25in及以上阴极射线管(黑白、彩色)电视机,等离子电视机、液晶电视机、OLED电视机、背投电视机	70	
2	微型计算机	台式微型计算机(含主机和显示器)、主机显示器一体形式的台式微型计算机、便携式微型计算机	70	平板电脑、掌上电脑补贴标准另行制定
3	洗衣机	单桶洗衣机、脱水机(3kg<干衣量≤10kg)	35	干衣量≤3kg的洗衣机不予补贴
		双桶洗衣机、波轮式全自动洗衣机、滚筒式全自动洗衣机(3kg<干衣量≤10kg)	45	

续表

序号	产品名称	品种	补贴标准	备注
4	电冰箱	冷藏冷冻箱（柜）、冷冻箱（柜）、冷藏箱（柜）（50L≤容积≤500L）	80	容积<50L的电冰箱不予补贴
5	空气调节器	整体式空调器、分体式空调器、一拖多空调器（含室外机和室内机）（制冷量≤14 000W）	130	

5.3.3 《废弃电器电子产品处理资格许可管理办法》

为规范废弃电器电子产品处理资格许可工作，防止废弃电器电子产品处理污染环境，根据《行政许可法》《固体废物污染环境防治法》《废弃电器电子产品回收处理管理条例》，2010年12月15日，环保部发布《废弃电器电子产品处理资格许可管理办法》，2011年1月1日起施行。

该办法规定了废弃电器电子产品处理资格许可管理办法的总则、许可条件和程序、监督管理、法律责任和附则。详细的许可条件见《废弃电器电子产品处理企业资格审查和许可指南》。设区的市级人民政府环境保护主管部门负责废弃电器电子产品处理资格的许可工作。该办法施行前已经从事废弃电器电子产品处理活动的企业，应当于该办法施行之日起60日内，向废弃电器电子产品处理设施所在地设区的市级人民政府环境保护主管部门提交废弃电器电子产品处理资格申请；逾期不申请的，不得继续从事废弃电器电子产品处理活动。

2015年5月21日，为贯彻落实《废弃电器电子产品回收处理管理条例》和《废弃电器电子产品处理基金征收使用管理办法》，促进废弃电器电子产品的妥善回收处理，规范和指导废弃电器电子产品拆解处理情况审核工作，保障基金使用安全，环保部发布《废弃电器电子产品拆解处理情况审核工作指南（2015年版）》，自2015年7月1日起施行，《废弃电器电子产品处理企业补贴审核指南》（环保部公告2010年第83号）同时废止。《废弃电器电子产品拆解处理情况审核工作指南（2015年版）》由目的和依据、各方职责、审核程序和要点、审核工作要求、审核资料的管理，以及信息公开六部分组成。

5.3.4 《废弃电器电子产品处理发展规划编制指南》

为贯彻落实《废弃电器电子产品回收处理管理条例》中关于"省级人民政

府环境保护主管部门会同同级资源综合利用、商务、工业信息产业主管部门编制本地区废弃电器电子产品处理发展规划"的规定，指导各地区编制废弃电器电子产品处理发展规划，提高规划编制的规范性和科学性，2010年11月15日，环保部发布《废弃电器电子产品处理发展规划编制指南》。该指南规定了废弃电器电子产品处理发展规划的基本框架、编制步骤和规划文本格式要求。其中，基本框架主要包括：

（1）总则（规划依据、规划原则、规划范围、规划年限）；

（2）现状和问题（区域基本情况、前期规划执行情况、废弃电器电子产品回收处理现状、主要经验、存在问题及其原因）；

（3）需求预测；

（4）目标任务；

（5）实施计划；

（6）保障措施。

5.3.5 《废弃电器电子产品处理企业建立数据信息管理系统及报送信息指南》

为贯彻落实《废弃电器电子产品回收处理管理条例》中关于"处理企业应当建立废弃电器电子产品的数据信息管理系统，向所在地的设区的市级人民政府环境保护主管部门报送废弃电器电子产品处理的基本数据和有关情况"的规定，指导和规范处理企业建立数据信息管理系统和报送信息，2010年11月16日，环保部发布《废弃电器电子产品处理企业建立数据信息管理系统及报送信息指南》。该指南规定了处理企业建立数据信息管理系统的基本要求和基本内容，处理情况报告的基本要求和内容，同时规范了废弃电器电子产品及拆解产物一览表、编号表、基础记录表、日报表和报表的格式。

建立数据信息管理系统的基本要求，数据信息管理系统应当跟踪记录废弃电器电子产品在处理企业内部运转的整个流程，包括记录每批废弃电器电子产品接收的时间、来源、类别、重量和数量；运输者的名称和地址；储存的时间和地点；拆解处理的时间、类别、重量和数量；拆解产物（包括最终废弃物）的类别、重量或者数量、去向等。

数据信息管理系统的基本内容包括基础信息、基本记录信息和汇总信息。其中，基础信息包括：

(1) 处理资格的信息；

(2) 各类废弃电器电子产品接收和处理流程图；

(3) 各类废弃电器电子产品及其拆解产物（包括最终废弃物）一览表；

(4) 拆解产物（包括最终废弃物）产生工序图；

(5) 拆解产物（包括最终废弃物）销售或委托处理合同；

(6) 废弃电器电子产品拆解处理的规章制度、工作流程和要求，如废弃电器电子产品及其拆解产物出入库的交接和登记等规定，拆解处理班组的工作制度等；

(7) 年度环境监测计划。

处理情况报告的基本要求和内容包括即时报告和定期报告。其中，即时报告包括设备设施故障报告，突发环境事件报告和设备设施改造报告。定期报告是要求处理企业将废弃电器电子产品入库和出库、拆解处理、拆解产物（包括最终废弃物）出库和入库等记录的日报表于次日报市级环境保护主管部门；并根据环境保护主管部门的要求，定期（可按周、月、季或年）汇总废弃电器电子产品及其拆解产物（包括最终废弃物）处理情况并对储存场地进行盘点，定期上报。

5.3.6 《废弃电器电子产品回收处理管理条例》与发达国家/地区EPR制度比较

虽然世界各国家/地区在制定本国废弃电器电子产品回收处理管理立法时，均采用EPR制度，但是不同国家/地区的EPR制度又有不同的规定。表5.5列出了《废弃电器电子产品回收处理管理条例》与日本的《家电回收利用法》、欧盟的WEEE指令、韩国的《电器电子产品汽车资源循环利用法》的制度对比。

表5.5 各国家/地区废弃电器电子产品EPR制度对比

国家/地区	生产者回收处理责任	信息披露责任	收集率指标	再生利用率指标	标识
中国	基金责任	无	无	无	无
欧盟	行为责任	有	有	有	有
日本	行为责任	有	无	有	有
韩国	行为责任+经济惩罚	有	有	有	无

从表5.5可以看出，我国电器电子产品EPR制度与欧盟、日本和韩国的有较大不同。我国电器电子产品生产者主要承担的是基金责任，即缴纳废弃电器电子产品处理基金。而发达国家的生产者要承担废弃产品回收处理的行为责

任。尤其是韩国，规定了生产者收集率指标，如果生产者达不到收集率指标，则要缴纳相应的罚金，以激励生产者完善回收率目标。

在生产者信息披露责任和再生利用率指标方面，发达国家均有明确的规定，而我国《废弃电器电子产品回收处理管理条例》均没有相应的要求。

5.4 电器电子产品有害物质管理

5.4.1 《电器电子产品有害物质限制使用管理办法》

为控制和减少电子信息产品废弃后对环境造成的污染，促进生产和销售低污染电子信息产品，保护环境和人体健康，根据《清洁生产促进法》《固体废物污染环境防治法》等法律、行政法规，2006年2月28日，工信部发布了《电子信息产品污染控制管理办法》，简称中国RoHS。

2016年1月6日，工信部联合国家发改委、科技部、财政部、环保部、商务部、海关总署、国家质量监督检验检疫总局发布《电器电子产品有害物质限制使用管理办法》，自2016年7月1日起施行。2006年2月28日公布的《电子信息产品污染控制管理办法》（信息产业部、国家发改委、商务部、海关总署、国家工商行政管理总局、国家质量监督检验检疫总局、国家环保总局令第39号）同时废止。

《电器电子产品有害物质限制使用管理办法》规定的有害物质包括铅及其化合物、汞及其化合物、镉及其化合物、六价铬化合物、多溴联苯、多溴二苯醚，以及国家规定的其他有害物质。该办法建立了《电器电子产品有害物质限制使用达标管理目录制度》。该制度是为实施《电器电子产品有害物质限制使用管理办法》而制定的，包括电器电子产品类目、限制使用的有害物质种类、限制使用时间及例外要求等内容。

5.4.2 国推污染控制认证制度

2010年5月18日，国家认证认可监督管理委员会及工信部发布《国家统一推行的电子信息产品污染控制自愿性认证实施意见》（国认证联〔2010〕28号），国推污染控制认证制度针对未纳入达标管理目录的电子信息产品，由企业自愿申请，通过认证机构证明相关电子信息产品符合相关污染控制标准和技术规范，由国家推行、统一规范管理的认证活动。国推污染控制认证制度采用统一的产品目录、统一的认证技术规范、认证规则和合格评定程序、统一的标志的原则。

5.4.3 中国与欧盟RoHS管理制度对比

表 5.6 为中国与欧盟 RoHS 管理制度的对比。通过表 5.6 可以看出，虽然中国与欧盟在有害物质管理的种类方面是一致的，即铅、汞、镉、六价铬、多溴联苯、多溴二苯醚 6 种有害物质，但是管理要求存在较大的不同。欧盟 RoHS 指令的管理采用"一步到位"，所有的电子电气产品在符合豁免条件的基础上均要符合有害物质的限值要求。中国 RoHS 管理从采用"两步走"的方式，即先要求产品进行有害物质标注，然后逐步将产品纳入"重点管理目录"进展到达标管理目录模式。

表 5.6 中国与欧盟 RoHS 管理制度对比

	有害物质种类	管理要求	管理范围	产品标识	豁免项
中国RoHS	6种	进行有害物质标注；纳入重点管理目录的产品对有害物质进行限值	电子信息产品	环保使用年限标识	针对重点管理目录的产品
欧盟RoHS指令	6种	对有害物质进行限值	电子电气产品	符合RoHS标识	有

5.5 再制造

5.5.1 《再制造产品认定管理暂行办法》

为推动再制造产业健康有序发展，规范再制造产品生产，引导再制造产品消费，2010 年 6 月 20 日，工信部发布了《再制造产品认定管理暂行办法》。

1. 申请再制造产品的条件

《再制造产品认定管理暂行办法》规定，再制造产品，是指采用先进适用的再制造技术、工艺，对废旧工业品进行修复改造后，性能和质量达到或超过原型新品的产品。再制造产品认定由企业自愿提出申请，申请企业应具备以下基本条件：

（1）在中国境内注册，具有独立法人资格；

（2）产品符合国家法律法规及相关产业政策要求；

（3）国家对产品有行政许可要求的，应获得相应许可；

（4）具备再制造产品批量生产能力，采用的再制造技术、工艺先进适用、成熟可靠；

（5）产品质量达到或超过原型新品，且符合国家相关的安全、节能、环保等强制性标准要求。

2. 再制造产品的认定制度

工信部委托具有合格评定资质的机构具体承担再制造产品认定工作。认定机构应：

（1）制定《再制造产品认定实施指南》，经工信部审查备案后，用于指导和规范认定工作；

（2）根据行业和再制造产品特点，选取具备相应资格条件的专家，参与实施认定工作；

（3）规范实施认定工作，出具认定报告，并对报告负责；

（4）依法保守认定产品的技术秘密，不得从事认定范围内产品的开发、生产和销售；

（5）再制造产品认定采取文件审查、现场评审与产品检验相结合的方式进行。

3. 再制造产品目录

工信部对认定报告进行审查，符合认定要求的纳入《再制造产品目录》并向社会公告，同时在工信部及指定认定机构的网站上发布。截止到2015年1月，工信部已经发布4批再制造产品目录，产品涉及工程机械零部件、矿山机械零部件、石油机械零部件、电动机及其零件、办公设备及其零件、轨道车辆零部件。

通过认定的再制造产品，应在产品明显位置或包装上使用再制造产品认定标志，标志基本式样如图5.2所示。

图5.2　再制造产品标志基本式样

5.5.2 《再制造产品"以旧换再"试点实施方案》

2013年7月4日,为贯彻落实《循环经济促进法》和《中华人民共和国国民经济和社会发展第十二个五年规划纲要》精神,按照《循环经济发展战略及近期行动计划》(国发〔2013〕5号)的要求,支持再制造产品的推广使用,促进再制造旧件回收,扩大再制造产品市场份额,国家发改委、财政部、工信部、商务部、国家质量监督检验检疫总局决定组织开展再制造产品"以旧换再"试点工作。为规范推进有关工作,特制定《再制造产品"以旧换再"试点实施方案》。

"以旧换再"是指境内再制造产品购买者交回旧件并以置换价购买再制造产品的行为。国家牵头选择汽车零部件等再制造产品,通过"以旧换再"的方式开展补贴推广试点,不仅有利于促进再制造旧件回收,拓展旧件来源,而且有利于扩大再制造产品影响,支持再制造产品市场推广,实现再制造产业规模化、规范化发展。

1. 实施范围和补贴方式

再制造产品"以旧换再"试点推广工作遵循"手续简便、直接补贴、安全高效"的原则。2013年,以汽车发动机、变速箱等再制造产品为试点,以后年度视实施情况逐步扩大试点范围。

对符合"以旧换再"推广条件的再制造产品,中央财政按照其推广置换价格(再制造产品销售价格扣除旧件回收价格,下同)的一定比例,通过试点企业对"以旧换再"再制造产品购买者给予一次性补贴,并设补贴上限。中央财政对每类推广再制造产品的补贴,原则上不超过5年。

2. 推广产品应具备的条件

(1)出厂再制造产品质量达到原型新品标准,具备由依法获得资质认定[中国计量认证(CMA)]的第三方检测机构(或原型产品制造授权方)出具的性能检测合格报告,产品合格证的质保期不低于原型新品;

(2)价格竞争力强,产品扣除旧件后的置换价格不超过原型新品的60%;

(3)节能节材效果良好,再制造产品的再制造率(按重量计)达到65%以上;

(4)质量性能可靠,再制造产品有明确的生产标准和规范,已发布国家标准的,应当执行不低于国家标准的生产标准;

(5)符合法律要求,使用明确的再制造产品标识;

(6)具有唯一可识别且不可消除涂改的物品编码等可追溯标识,外包装和本体上按要求加贴"再制造'以旧换再'推广产品"标识和字样；

（7）公开征集公告规定的具体产品其他要求。

3. "以旧换再"回收旧件应具备的条件

（1）旧件来源须为消费者自用等清晰可查来源，符合国家法律法规要求，并有相关证明；

（2）交回旧件需与回收推广企业再制造试点验收公告目录公布产品的型号一致。

2014年9月15日，为实施好再制造"以旧换再"试点工作，根据《再制造产品"以旧换再"试点实施方案》的要求，国家发改委、财政部、工信部、商务部、国家质量监督检验检疫总局组织制定了《再制造产品"以旧换再"推广试点企业评审、管理、核查工作办法》和《再制造"以旧换再"产品编码规则》。

2015年1月20日，国家发改委、财政部、工信部、国家质量监督检验检疫总局委托中国国际工程咨询公司对2015年再制造产品推广试点企业资格项目（再制造汽车发动机、变速箱）进行公开征集。经过专家评审、网上公示后，确定10家企业具备再制造产品推广试点企业资格（表5.7）和以旧换再产品名单。

表5.7　具有再制造产品推动试点企业名单

序号	企业名称
1	广州市花都全球自动变速箱有限公司
2	潍柴动力（潍坊）再制造有限公司
3	济南复强动力有限公司
4	上海幸福瑞贝德动力总成有限公司
5	东风康明斯发动机有限公司
6	陕西法士特汽车传动集团有限责任公司
7	大众一汽发动机（大连）有限公司（一汽集团）
8	玉柴再制造工业（苏州）有限公司
9	无锡大豪动力有限公司（一汽集团）
10	浙江万里扬变速器股份有限公司

5.6 其他EPR制度（轮胎、包装等）

5.6.1 包装废弃物管理总体框架设计

我国包装废弃物资源化利用管理法律法规框架由法律、法规、规章、国家标准、地方法规五部分组成。

图 5.3 是我国包装废弃物资源化利用管理法律法规体系框架。

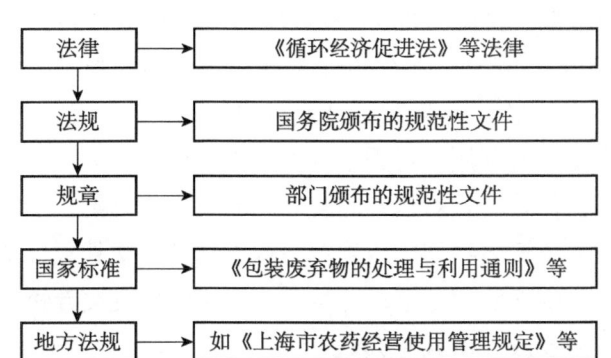

图 5.3　我国包装废弃物资源化利用管理法律法规体系框架图

《循环经济促进法》等一系列法律是我国包装废弃物资源化利用管理的最高法律依据；国务院制定并通过的、由国务院总理签署国务院令，又称国务院条例，具有全国通用性，作为法律的补充；各相关管理部门则进一步根据各自管理工作的需要，制定本部门权限范围内有效的部门规章，以便更好地促进包装废弃物的管理。《包装废弃物的处理与利用通则》等国家标准则是由国家标准化主管机构依据相关法律制定并批准发布旨在对全国经济、技术发展有重大意义，且在全国范围内统一的标准。另外，各省（自治区、直辖市）的人民代表大会及其常务委员会，作为各地方的最高权力机构还可以依据国家的法律、条例、部门规章和国家标准进一步制定仅在本行政区域内有效的包装废弃物回收利用的相关规定。

5.6.2　国家层面的制度

目前，国内还未出台完整的专门针对包装废弃物循环利用管理的法律法规，主要通过循环经济促进法等相关法律进行管理，具体见附录 1。

已有的法规制度主要包括以下几方面：

（1）规划。虽然我国还没有包装废弃物回收利用的专项发展规划，但很多法规强调将再生资源回收利用纳入国民经济和社会发展规划。《循环经济促进法》规定县级以上人民政府应当编制循环经济发展规划；《再生资源回收管理办法》规定，商务主管部门负责制定和实施再生资源回收产业政策、回收标准和回收行业发展规划。

（2）回收名录制度。《循环经济促进法》《清洁生产促进法》《固体废物污染环境防治法》都明确规定，生产列入强制回收名录的产品或者包装物的企业，必须对废弃的产品或者包装物负责回收；对其中可以利用的由各生产企业负责利用。

（3）EPR制度。《循环经济促进法》规定生产列入强制回收名录的产品或者包装物的企业，必须对废弃的产品或者包装物负责回收；对其中可以利用的，由各生产企业负责利用；对因不具备技术经济条件而不适合利用的，由各生产企业负责无害化处置。对规定的废弃产品或者包装物，生产者可委托销售者进行回收，或者委托废物利用或处置企业进行利用或处置，即生产者可委托回收、委托处置、委托利用。这样对生产中产生的包装废弃物处理延伸到了流通和消费领域，演变成"EPR制度"。

（4）经济激励制度。《清洁生产促进法》规定国家制定有利于实施清洁生产的财政税收政策，对列入强制回收目录的产品和包装物实行有利于回收利用的经济措施，对利用废物生产产品和从废物中回收原料的企业减征或者免征增值税。《固体废物污染环境防治法》规定国家和地方政府采取有利于固体废物综合利用活动的经济措施，对固体废物实行充分回收和合理利用。

综上可见，由于缺少具有针对性、具体、强制的规范，政府部门对包装废弃物的管理也比较混乱，出现"谁都可以管，谁都不想管"、部门职能混乱、管理缺失的现象。

5.6.3 与包装废弃物相关的管理体系的现状

1. 国家的职责及管理体制

包装废弃物或者再生资源的管理体制是随着我国经济体制的变革而变化的。从20世纪50年至今，管理体制上出现了多次反复，包装废弃物不是由一个责任主体进行管理，出现了众多的相关管理部门、协会组织和基层管理参与者，属于综合管理体制。

由于包装废弃物资源化涉及众多参与方，需要密切协调各方复杂的关系，并且对各环节的政策实施效果进行反馈，及时对包装废弃物资源化的运行态势进行调整。但目前我国尚未建立一套完整的确保规划和法律法规有效实施的管理体系。国家发改委、环保部、住房和城乡建设部、商务部、卫生部、公安部、国家工商行政管理总局等多部委均涉及包装废弃物资源化领域，也包括各级地方政府相对应的管理部门，根据各自的法律职责开展与包装废弃物回收利用相关的管理工作，但它们从各自管辖角度出发，彼此无法衔接配套（表5.8）。

表5.8 包装废弃物政府管理部门主要职责

单位名称	主要职责	备注
国家发改委	负责组织协调、监督管理全国循环经济发展工作。会同国务院环保部等有关主管部门编制全国循环经济发展规划。负责研究提出促进再生资源发展的政策，组织实施再生资源利用新技术、新设备的推广应用和产业化示范。规定强制回收的产品和包装物的名录及管理办法。会同国务院统计、环保等有关主管部门建立和完善循环经济评价指标体系。会同国务院环保部等有关主管部门，定期发布鼓励、限制和淘汰的技术、工艺、设备、材料和产品名录	综合性管理协调部门
商务部	组织开展再生资源回收利用体系建设的有关工作，会同环保、工商、质监和供销社等部门起草有关废旧物资回收利用管理方面的规定。负责制定和实施再生资源回收产业政策、回收标准和回收行业发展规划	行业主管部门
国务院标准化主管部门	会同国务院循环经济发展综合管理和环境保护等有关主管部门建立健全循环经济标准体系，制定和完善节能、节水、节材和废物再利用、资源化等标准	标准制定
公安部	负责再生资源回收的治安管理	
国家工商行政管理总局	负责再生资源回收经营者的登记管理和再生资源交易市场内的监督管理	工商行政管理部门
环境保护部	负责对再生资源回收过程中环境污染的防治工作实施监督管理，依法对违反污染环境防治法律法规的行为进行处罚	环境保护行政管理部门
住房和城乡建设部	负责将再生资源回收网点纳入城市规划，依法对违反城市规划、建设管理有关法律法规的行为进行查处和清理整顿，负责全国城市生活垃圾管理工作	建设、城乡规划行政主管部门
财政部	设立发展循环经济的有关专项资金，具体办法由国务院财政部门会同国务院循环经济发展综合管理等有关主管部门制定。会同国务院循环经济发展综合管理等有关主管部门制定	国务院财政部门
国家税务总局	对促进循环经济发展的产业活动给予税收优惠	税务主管部门

2. 地方层面包装废弃物相关法律体系

目前，我国地方上也没有明确的有关包装废弃物循环利用管理的法律法规和相关规定。根据国家《再生资源回收管理办法》（商务部令2007年第8号），各省（自治区、直辖市）均陆续出台了相应的再生资源回收管理办法或条例，内容均涉及包装废弃物资源化的问题。

根据国家《循环经济促进法》，陕西省、深圳市、大连市等省市已出台循环经济促进条例，广东省、山西省、甘肃省、安徽省等省份正征求意见，将陆续出台相应的循环经济促进条例。各省（自治区、直辖市）循环经济促进条例内容也多涉及包装废弃物资源化问题。

此外，在我国各省（自治区、直辖市）制定的"十二五"发展规划中，循环经济和资源循环利用得到高度重视，并出台了相应的支持政策和措施。

1）嘉兴市

嘉兴市政府机构对包装废弃物的管理体制如图5.4所示。根据回收体系的组成要素，政府机构对包装废弃物循环利用的管理主要是围绕回收站和循环利用设施展开的。

回收站首先要在嘉兴市工商局注册登记，取得经营资格证才可正式营业。办理个体废品收购站的营业执照，需提交以下材料：①个体户开业登记申请表；②申请人的身份证复印件和一寸免冠照片一张；③经营场所证明（自有的提交产权所有证明；租他人场地的，提交租赁合同和他人的房产所有权证明）。取得的营业执照上面应注明允许"废旧物资回收、废旧金属回收，其他无需报审批的一切合法项目"。

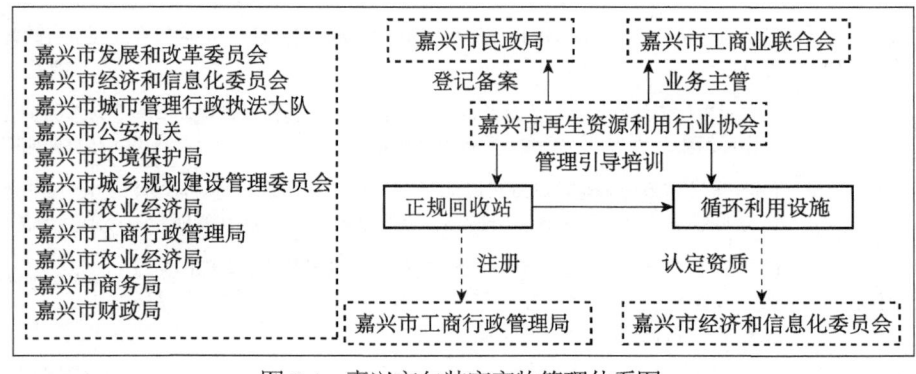

图5.4　嘉兴市包装废弃物管理体系图

在经营过程中，回收站既要接受嘉兴市工商行政管理局和市经济和信息化委员会的管理，同时又需受到市商务局、市公安局、市环境保护局、市再生资源利用行业协会等部门和单位的监督。在从事回收业务时，主要由嘉兴市再生资源利用行业协会给予相关引导和培训。

循环利用设施（资源综合利用企业）的运营必须首先通过嘉兴市经济和信息化委员会的资质认定，取得相关资质后方可进行生产活动。设施在运营过程中接受嘉兴市环境保护局的管理，同时受到市商务局、市工商行政管理局、市经济和信息化委员会、市公安局、市国税局、市地税局、市城管执法局等部门和单位的监督。

2）贵阳市

贵阳市政府机构对包装废弃物的管理体系如图5.5所示。

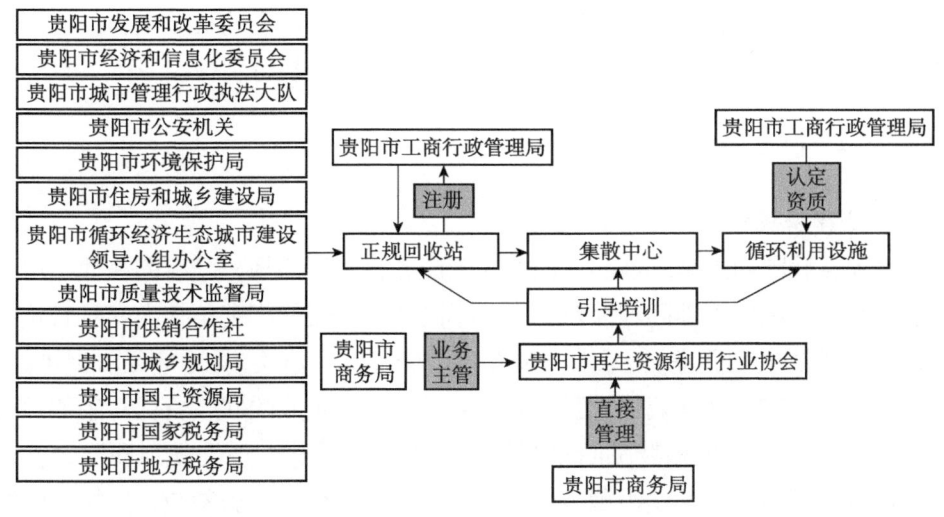

图 5.5　贵阳市包装废弃物管理体系图

根据回收体系的组成要素，包装废弃物的回收利用出现了众多的相关管理部门、协会组织和基层管理参与者共同参与管理的综合管理体制。相关管理部门主要包括贵阳市发展和改革委员会、市商务局、市环境保护局等，各政府机构根据各自的法律职责开展与包装废物回收利用的相关管理工作；政府机构对包装废弃物循环利用的管理主要是围绕回收站、集散中心、循环利用设施展开。

回收站首先要在贵阳市工商行政管理局注册登记，取得经营资格证才可正式营业。在经营过程中，既要接受市工商行政管理局和市属区级经贸局的管理，同时又需受到市商务局、市公安局、市环境保护局[①]、市再生资源利用行业协会等部门和单位的监督。在从事回收业务时，主要由贵阳市再生资源利用行业协会给予相关引导和培训。

集散中心在运营规模等方面介于正规回收站与循环利用设施之间，在回收业务方面受贵阳市再生资源利用行业协会引导，贵阳市再生资源利用行业协会由贵阳市商务局直接管理；在运营过程中受到市发展和改革委员会、市环境保护局、市供销合作社、市城乡规划局、市国家税务局等部门和单位的监督。

循环利用设施需要运营必须首先通过市经济和信息化委员会的资质认定，取得相关资质后方可生产。设施在运营过程中接受市环境保护局的管理，同时受到市商务局、市工商行政管理局、市属区级经贸局、市公安局、市国家税务局、市地方税务局、市城管执法局等部门和单位的监督。

---

① 2012年，贵阳市整合环保、林业绿化等相关部门职能组建了市生态文明委员会。

包装物废弃物管理中，市商务局是再生资源回收体系的行政主管部门，市供销合作社是再生资源绿色回收利用体系建设的重要执行主体。

5.6.4 制度层面存在的问题

1. 法律法规标准体系有待完善

目前，我国尚无全国性的专门的包装废弃物管理法规，已有的法律法规对包装废弃物资源化管理问题涉及不多，不同法律法规的相关条款内容具有相似性，如《清洁生产促进法》《固体废弃物污染环境防治法》《循环经济促进法》中有原则的规定，都强调建立强制回收名录和生产企业的回收责任，采取经济措施减少废弃物产生和鼓励回收利用，加强信息统计，加强规划和监督管理等。但没有任何一个条款明确规定要对违法行为及后果实施制裁，这样导致法律条款重原则、轻操作，大量企业游离在行业管理之外，包装回收企业和相关人员都觉得法律管不到自己，优惠政策惠及不到自己。比如，加强信息收集、完善统计，到底要加强哪些信息和统计，由谁进行统计作业，在所有法律和政策中都没有明确规定。目前，包装废物的统计无论是包装行业、再生资源行业还是环保部门，基本上都没有完善统计。又如，国家鼓励制定经济措施促进循环经济发展，促进包装废物回收，到底是一些什么经济措施，由谁负担、谁受益、谁执行也不明确。再如，实行 EPR 制度，如何延伸，延伸到哪些环节，如何确定和评估等都没有细化，导致执法主体不明，缺乏针对性和可操作性，基本处于政策宣传层面，不能解决现实问题。

此外，我国地方政府制定了一些相关的管理办法和规定，如浙江、上海等省市制定的一些地方性法规。虽然这些法规发挥了一定作用，但地方性法规仅限于管理当地的包装废弃物，不适在全国范围内使用。我国行业主管部门制定了一些相应的标准，但在实践管理中的作用均较为薄弱。例如，中国包装技术协会和中国包装总公司颁布的《包装废弃物的处理与利用通则》只是推荐性标准，不具备强制力，不利于形成公平的行业竞争环境。

2. 相关组织间合作的缺失

包装废弃物循环利用行业并不是一个相对独立的运营体系，相关管理部门较多导致管理复杂。废物管理和污染防治是环保部门的主要职责，垃圾清运管理是环卫或市政管理部门的主要职责，回收体系建设是商务主管部门的主要职责，生产管理是工业管理部门的主要职责，发展循环经济是国家宏观经济管理部门的主要职责，进出口管理还涉及海关监管部门的职责。这些管理主体相互之间的分工协作不清晰，管理上存在着相互交叉，有利益的都抢着管，没有利益只有责任的就出现空白状态。这导致监管力量缺乏整合，没有形成合力。

由各级政府和不同机构所制定的与包装废弃物循环利用相关（或那些广泛涉及环境和自然资源管理）的政策并不都是协调一致的，有时还互相矛盾。

由于相关法律法规不健全、政策措施不配套、管理体制不完善，行业协会还存在着结构不够合理、职责尚不明确、服务能力需要加强、行为有待进一步规范等问题，这在一定程度上制约了行业协会的健康发展。

实现包装废弃物的高效循环利用，源头分类是关键。源头分类工作需要居民的积极参与。目前，虽然政府在包装废弃物循环利用的源头分类问题上推动成本很高，但我国居民对废弃物资源化的认识不足，参与不力。尽管如此，随着我国城市生活垃圾分类工作的不断推进，社区物业公司的管理部门在废弃物回收体系中扮演了越来越重要的角色，物业公司保洁人员已经自然地在进行分类，将高附加值的包装废弃物收集并出售以从中获取收益，补充收入。

参考文献

[1] 唐献民."电子垃圾"蕴含巨大再生价值[J].再生资源研究,2007,(1):45.

[2] 魏金秀,汪永辉,李登新.电子废弃物的危害及其资源化技术[C].北京：电子废物与生产者责任国际研讨会,2004.

[3] 钟卫红.中国废弃电器电子产品回收处理进程及法制建设[J].政策创造研究,2010,(3):41-59.

[4] 再协.废旧家电回收处理试点及示范项目进展情况[J].中国资源综合利用,2005,(5):2-3.

第 6 章
中国电器电子产品 EPR 制度的实践

6.1 行业发展概况

中国电器电子行业自 20 世纪 80 年代起快速发展,从最初的产品供不应求,到激烈的产品价格大战、企业兼并重组,再到产品供大于求,不断扩大海外市场和农村市场。目前,中国电器电子产品行业已经进入微利时代,并面临行业转型升级的巨大挑战。

我国电器电子产品的产量巨大,2013 年,除洗衣机外,电视机、电冰箱、房间空调器和微型计算机的产量都超过了 1 亿台。其中,微型计算机的产量最大。2012 年,微型计算机的产量超过 3.5 亿台,虽然较 2013 年有所下降,但仍在 3 亿台以上。表 6.1 和表 6.2 分别为主要电器电子产品城镇和农村居民家庭平均每百户电器电子产品拥有量。从表 6.1 和表 6.2 可以看出,虽然城镇和农村居民家庭平均每百户电器电子产品拥有量的差异不断在缩小,但是城镇和农村的差异还是较大的。城镇市场已经趋于饱和,需求主要来自产品的更新换代;而农村市场的潜力正在不断显现。

表6.1 我国城镇居民家庭平均电器电子产品拥有量(单位:台/百户)

年份	电视机		家用电冰箱		洗衣机	房间空调器	微型计算机
	彩色电视机	黑白电视机	电冰箱	冰柜			
1985	17.21	66.86	6.58	—	48.29	—	—
1990	59.04	52.36	42.33	—	78.41	—	—

续表

年份	电视机		家用电冰箱		洗衣机	房间空调器	微型计算机
	彩色电视机	黑白电视机	电冰箱	冰柜			
1993	79.46	35.92	56.68	—	86.36	—	—
1994	86.21	30.47	62.10	2.25	87.29	—	—
1995	89.79	—	66.22	2.87	88.97	—	—
1996	93.50	—	69.67	3.48	90.06	—	—
1997	100.48	—	72.98	4.46	89.12	16.29	2.60
1998	105.43	—	76.08	4.80	90.57	**20.39**	**4.26**
1999	111.57	—	77.74	5.37	91.44	24.48	5.91
2000	116.56	—	80.13	6.52	90.52	30.80	9.70
2001	120.52	—	81.87	6.62	92.22	35.80	13.30
2002	126.38	—	87.38	6.81	92.90	51.10	20.63
2003	130.50	—	88.73	6.97	94.41	61.79	27.81
2004	133.44	—	90.15	6.73	95.9	69.81	33.11
2005	134.80	—	90.72	6.68	95.51	80.67	41.52
2006	137.43	—	91.75	6.93	96.77	87.79	47.20
2007	137.79	—	95.03	**6.82**	96.77	95.08	53.77
2008	132.90	—	93.60	**6.83**	94.70	100.30	59.30
2009	135.65	—	95.35	—	96.01	106.84	65.74
2010	137.43	—	96.61	—	96.92	112.07	71.16
2011	135.15	—	97.23	—	97.05	122.00	81.88
2012	136.07	—	98.48	—	98.02	126.81	87.03

注：黑体数据是根据前后两年测算的平均数据，冰柜2007年和2008年数据为最近5年的平均值
资料来源：历年《中国统计年鉴》

表6.2　我国农村居民家庭平均电器电子产品拥有量（单位：台/百户）

年份	电视机		电冰箱	洗衣机	房间空调器	微型计算机
	彩色电视机	黑白电视机				
1985	0.80	10.94	0.06	1.90	—	—
1990	4.72	39.72	1.22	9.12	—	—
1993	10.86	58.30	3.05	13.82	—	—
1994	13.52	61.77	4.00	15.30	—	—
1995	16.92	63.81	5.15	16.90	—	—
1996	22.91	65.06	7.27	20.54	—	—
1997	27.32	65.12	8.49	21.87	**0.46**	—
1998	32.59	63.57	9.25	22.81	**0.60**	—

续表

年份	电视机		电冰箱	洗衣机	房间空调器	微型计算机
	彩色电视机	黑白电视机				
1999	38.24	62.35	10.64	24.32	0.74	—
2000	48.74	52.97	12.31	28.58	1.32	0.47
2001	54.41	50.74	13.59	29.94	1.70	0.69
2002	60.45	48.14	14.83	31.80	2.29	**1.04**
2003	67.80	42.80	15.89	34.27	3.45	**1.40**
2004	75.09	37.92	17.75	37.32	4.70	**1.75**
2005	84.00	21.77	20.10	40.20	6.40	2.10
2006	89.43	17.45	22.48	42.98	7.28	2.73
2007	94.38	12.14	26.12	45.94	8.54	3.68
2008	99.20	9.90	30.20	49.10	9.80	5.40
2009	108.94	7.65	37.11	53.14	12.23	7.46
2010	111.79	6.38	45.19	57.32	16.00	10.37
2011	115.46	1.66	61.54	62.57	22.58	17.96
2012	116.90	1.44	67.32	67.22	25.36	21.36

注：农村电器百户拥有量中没有对冰柜的统计数据，黑体数据是根据前后两年测算的平均数据

资料来源：历年《中国统计年鉴》

6.2 中国废弃电器电子产品EPR制度实施的背景

6.2.1 不规范拆解带来的环境问题

随着科技的进步和生活水平的提高，中国电器电子产品更新换代越来越快，废弃电器电子产品数量快速增加。作为一种特殊的再生资源，一方面，废弃电器电子产品具有资源性，其中铁、铜、铝等金属和塑料的含量较高，有些电子产品中还含有金、银、钯等稀贵金属，如果能够回收、高效利用，将大大减少原始矿山的开采，这也是人们常说的"城市矿产"；另一方面，废弃电器电子产品也具有潜在的环境危害性，废弃电器电子产品本身含有如铅、汞、铬、氟利昂（CFC）等有害物质，如不妥善处理和利用（如露天焚烧），将会对水、土壤和空气等产生严重危害，威胁人体健康。

我国一直有修旧利废的优良传统。电器电子产品废弃后，它还具有材料价值，仍然作为一种商品进行交易。从 20 世纪 90 年代开始，在利益的驱动下，我国自发形成了废弃电器电子产品的回收大军，并构成了多种渠道的回收网络，主要包括传统的供销社 / 物资回收企业回收、个体回收者、家电销售商"以旧换新"回收、搬家公司回收、售后服务站或维修站回收等回收渠道。其中，个体回收者是废弃电器电子产品回收的主力军。

同时，我国在广东省贵屿镇、浙江省台州市、山东省临沂市等地自发形成了废弃电器电子产品拆解处理集散地。为了谋求最大的利润，处理者不惜以牺牲环境为代价换取有价值的材料，造成严重的环境污染，同时对当地人的健康产生极大的危害。图 6.1 为废弃电器电子产品的不规范拆解处理。

图 6.1　废弃电器电子产品的不规范拆解处理

6.2.2　发达国家电器电子产品EPR立法影响中国

从 20 世纪 90 年代开始，发达国家和地区纷纷发布废弃电器电子产品回收处理管理立法，如日本的《家电回收利用法》、欧盟的 WEEE 指令、韩国的《电器电子产品汽车资源循环利用法》等。虽然各国家和地区对废弃电器电子产品回收处理管理的方式不同，但都体现了 EPR 的理念。

我国是电器电子产品的出口大国，发达国家和地区针对废弃电器电子产品回收处理管理的立法，一方面增加了我国电器电子产品出口到发达国家的成本，削弱了产品的国际市场竞争力；另一方面，发达国家和地区对废弃电器电子产品日益严格的管理也导致废弃电器电子产品流入管理薄弱的发展中国家。根据《全球电子垃圾市场的研究报告（2011–2016）》(*Global E-waste Management Market (2011—2016)*) 显示，全球有 90% 的电子废弃物流入中国。因此，发达国家和地区对废弃电器电子产品的立法也加速了发展中国家对废弃电器电子产品回收处理管理的立法。

6.3 《废弃电器电子产品回收处理管理条例》实施情况

6.3.1 提高对处理企业的要求

国家家电以旧换新政策实施期间,环保部对指定废家电拆解处理企业提出如下要求:

(1)拆解处理企业建立日常环境管理制度;

(2)拆解处理企业要建立信息管理系统及经营情况记录簿;

(3)不能深度处理的废旧家电拆解产物(以下简称拆解产物),以及其他固体废物或液态废物的种类、重量或者数量和去向;拆解处理过程中的污染物排放情况等信息;

(4)相关原始凭证应作为经营情况记录簿的附件保存;

(5)不具备深度处理能力的企业应将拆解产物交由符合环保要求的单位处理,防止拆解产物无序利用造成环境污染。特别是废旧冰箱、空调的制冷剂应予以回收并以符合环保相关要求的方式处理;废印刷电路板(PCB线路板)等危险废物应提供或委托给有相应资质的持有危险废物经营许可证的单位利用处置;电线电缆、电机应提供或委托给环保部核定的进口废五金电器、废电线电缆和废电机定点加工利用单位或其他符合环保要求的单位拆解处理;阴极射线管的玻璃应优先提供或委托给阴极射线管生产企业回收利用。

《废弃电器电子产品回收处理管理条例》建立了废弃电器电子产品处理企业资格许可制度。对处理企业不仅要求建立完善的台账制度和拆解产物的管理制度,同时对处理企业的场地、设备、人员、磅秤、视频系统等均有详细的规定,详见2010年12月9日环保部公布的《废弃电器电子产品处理企业资格审查和许可指南》。

《废弃电器电子产品回收处理管理条例》的实施使我国废弃电器电子产品处理企业向规范化、企业化迈进了一大步。处理企业不论在硬件方面,还是在软件方面都有了显著的变化,为我国废弃电器电子产品回收处理产业的转型升级奠定了基础。

6.3.2 处理企业数量及分布

截止到2015年12月31日,进入废弃电器电子产品处理基金补贴名单的处理企业共计五批109家(表6.3)。其中,2012年7月发布第1批处理企业

42家；2013年2月和12月分别发布第2、3批处理企业共49家，其中1家为首批名录企业的变更企业；2014年6月发布第4批15家处理企业；2015年8月发布第5批3家处理企业。废弃电器电子产品处理能力超过1.5亿台。图6.2为我国废弃电器电子产品处理企业分布图。

表6.3 2015废弃电器电子产品处理企业名单

序号	地区	企业数/家	企业名称	批次
1	北京市	3	北京华新绿源环保产业发展有限公司	第一批
2			伟翔联合环保科技发展（北京）有限公司	第三批
3			北京市危险废物处置中心	第四批
4	天津市	4	TCL奥博（天津）环保发展有限公司	第一批
5			天津同和绿天使顶峰资源再生有限公司	第一批
6			泰鼎（天津）环保科技有限公司	第一批
7			天津和昌环保技术有限公司	第二批
8	河北省	7	石家庄绿色再生资源有限公司	第三批
9			唐山中再生资源开发有限公司	第三批
10			邢台恒亿再生资源回收有限公司	第三批
11			河北万忠废旧材料回收有限公司	第四批
12			文安县豫丰金属制品有限公司	第四批
13			河北海晶再生资源开发有限公司	第四批
14			秦皇岛天宝资源再生环保科技有限公司	第五批
15	山西省	3	阳泉天元废旧电器回收处理有限公司	第一批
16			临汾拥军再生资源利用有限公司	第一批
17			山西洪洋海鸥废弃电器电子产品回收处理有限公司	第一批
18	山东省	4	山东中绿资源再生有限公司	第二批
19			鑫广绿环再生资源股份有限公司	第二批
20			青岛新天地生态循环科技有限公司	第二批
21			烟台中祈环保科技有限公司	第二批
22	内蒙古自治区	3	华新绿源（内蒙古）环保产业发展有限公司	第四批
23			通辽华强废旧家电处理有限公司	第四批
24			内蒙古新创资源再生有限公司	第五批
25	黑龙江省	3	黑龙江中再生废旧家电拆解有限公司	第一批

续表

序号	地区	企业数/家	企业名称	批次
26	黑龙江省	3	哈尔滨市群勤环保技术服务有限公司	第三批
27			佳木斯龙江环保再生资源有限公司	第四批
28	上海市	5	上海新金桥环保有限公司	第一批
29			伟翔环保科技发展(上海)有限公司	第一批
30			森蓝环保(上海)有限公司	第二批
31			鑫广再生资源(上海)有限公司	第二批
32			上海电子废弃物交投中心有限公司	第三批
33	辽宁省	3	辽宁牧昌国际环保产业集团有限公司	第一批
34			大连大峰野金属有限公司	第四批
35			辽宁华强环保集团废旧家电处理有限公司	第四批
36	吉林省	2	吉林省三合废弃电器电子产品回收处置有限公司	第二批
37			吉林市金再废弃电器电子产品回收利用有限公司	第二批
38	江苏省	8	南京凯燕电子有限公司	第一批
39			苏州同和资源综合利用有限公司	第一批
40			苏北废旧汽车家电拆解再生利用有限公司	第一批
41			苏州伟翔电子废弃物处理技术有限公司	第一批
42			扬州宁达贵金属有限公司	第一批
43			南通森蓝环保科技有限公司	第一批
44			常州翔宇资源再生科技有限公司	第一批
45			南京环务资源再生科技有限公司	第一批
46	浙江省	5	浙江玉环县青茂废旧物资有限公司	第一批
47			浙江盛唐环保科技有限公司	第一批
48			浙江蓝天废旧家电回收处理有限公司	第一批
49			台州大峰野金属有限公司	第一批
50			杭州松下大地同和顶峰资源循环有限公司	第三批
51	福建省	4	厦门绿洲环保产业股份有限公司	第一批
52			福建全通资源再生工业园有限公司	第一批
53			福建省宏源废旧家电回收处理有限公司	第四批
54			三明市万源再生资源有限公司	第四批

续表

序号	地区	企业数/家	企业名称	批次
55	江西省	4	江西格林美资源循环有限公司	第一批
56			江西同和资源综合利用有限公司	第一批
57			江西中再生资源开发有限公司	第一批
58			赣州巨龙废旧物资调剂市场有限公司	第一批
59	安徽省	6	芜湖绿色再生资源有限公司	第三批
60			安徽广源科技发展有限公司	第三批
61			滁州市超越新兴废弃物处置有限公司	第三批
62			安徽福茂再生资源循环科技有限公司	第三批
63			安徽鑫港炉料股份有限公司	第三批
64			阜阳大峰野再生资源有限公司	第三批
65	河南省	7	中再生洛阳投资开发有限公司	第一批
66			郑州格力绿色再生资源有限公司	第三批
67			河南格林美中钢再生资源有限公司	第三批
68			郑州弓长昱祥电子产品有限公司	第三批
69			南阳康卫（集团）有限公司	第三批
70			河南恒昌贵金属有限公司	第三批
71			河南艾瑞环保科技有限公司	第三批
72	湖北省	7	荆门市格林美新材料有限公司	第一批
73			湖北金科电器有限公司	第一批
74			湖北鑫丰废旧家电拆解有限公司	第一批
75			武汉市博旺兴源物业服务有限公司	第一批
76			大冶有色博源环保股份有限公司	第二批
77			格林美（武汉）城市矿产循环产业园开发有限公司	第三批
78			湖北东江环保有限公司	第五批
79	湖南省	4	湖南绿色再生资源有限公司	第二批
80			湖南万容电子废弃物处理有限公司	第二批
81			湖南省同力电子废弃物回收拆解利用有限公司	第二批
82			株洲凯天环保科技有限公司	第二批

续表

序号	地区	企业数/家	企业名称	批次
83			佛山市顺德鑫环宝资源利用有限公司	第一批
84			广东赢家环保科技有限公司	第一批
85	广东省	7	惠州市鼎晨实业发展有限公司	第一批
86			清远市东江环保技术有限公司	第二批
87			广东华清废旧电器处理有限公司	第三批
88	广东省	7	汕头市TCL德庆环保发展有限公司	第三批
89			茂名天保再生资源发展有限公司	第四批
90			仁新电子废弃物资源再生利用（四川）有限公司	第一批
91			四川中再生资源开发有限公司	第一批
92	四川省	5	四川省中明环境治理有限公司	第一批
93			什邡大爱感恩环保科技有限公司	第二批
94			四川长虹格润再生资源有限责任公司	第三批
95	贵州省	2	遵义绿环废弃电器电子产品回收处理有限公司	第一批
96			贵阳市物资回收公司	第一批
97	广西壮族自治区	1	广西桂物资源循环产业有限公司	第二批
98	重庆市	2	重庆市中天电子废弃物处理有限公司	第二批
99			重庆中加环保工程有限公司	第二批
100	云南省	2	云南华再新源环保产业发展有限公司	第四批
101			云南巨路环保科技有限公司	第四批
102	陕西省	2	陕西九洲再生资源有限公司	第三批
103			陕西新天地废弃电器电子产品回收处理有限公司	第四批
104	甘肃省	2	兰州泓翼废旧电子产品拆解加工中心	第二批
105			甘肃华壹环保技术服务有限公司	第三批
106	青海省	1	青海云海环保服务有限公司	第三批
107	宁夏回族自治区	1	宁夏亿能固体废弃物资源化开发有限公司	第三批
108	新疆维吾尔自治区	2	新疆金塔有色金属有限公司	第二批
109			乌鲁木齐惠智通电子有限公司	第三批

2015年我国废弃电器电子产品处理企业基本上覆盖了中国29个省（自治区，直辖市）（不含香港、澳门、台湾、西藏、海南）其中，沿海和中部地区处理企业数量较多。据统计，大部分处理企业年处理规模超过百万台。

6.3.3 理论报废量与实际处理数量

《废弃电器电子回收处理管理条例》实施配套制度的核心是基金制度。财政部发布的《废弃电器电子产品处理基金征收使用管理办法》自2012年7月1日起实施。图6.2为2010～2015年处理企业处理的数量与理论报废量的对比。其中，2009～2011年为国家实施家电以旧换新政策的废家电拆解处理数据。从图6.2可以看出，国家的回收处理管理政策对废弃电器电子产品能否进入规范的处理企业进行拆解处理的影响非常大。国家以旧换新政策的实施拉动了废家电进入指定的废家电拆解工厂。基金制度的实施同样推进了废弃电器电子产品进入有资质处理企业进行拆解处理。随着有资质处理企业的增加，废弃电器电子产品的处理数量快速增长。

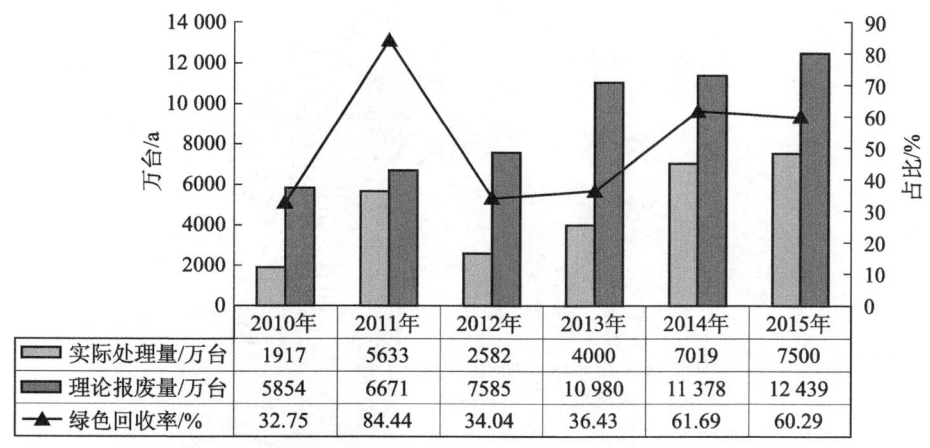

图6.2 废弃电器电子产品实际处理量与理论报废量

注：2010～2011年为家电以旧换新政策实施数据

环保部公布的"2014年第1、2季度有关省（区、市）处理企业废弃电器电子产品规范拆解处理的种类和数量明细表"显示，2014年上半年85家处理企业申报拆解量总计3138.6万台。其中，电视机2706.8万台，占86.2%；电冰箱49.0万台，占1.6%；洗衣机131.8万台，占4.2%；房间空调器0.6万台，不到0.1%；微型计算机250.3万台，占8.0%。2014年上半年我国废弃电器电子产品实际处理量较 2013 年同期相比,又有了显著的增长。

6.3.4 处理技术

中国家用电器研究院电器循环技术研究所分别在 2013 年年初和 2014 年年初对中国获得废弃电器电子产品处理资质的处理企业进行技术工艺调研,包括废弃电器电子产品处理深度、处理工艺及受控部件处理方式等。

我国废弃电器电子产品采用以手工拆解与专用设备相结合的处理工艺。处理设备有进口设备、国产设备,以及处理企业自主研发的设备,其中国产设备所占比例最大。在《废弃电器电子回收处理管理条例》和基金制度的推动下,我国废弃电器电子产品处理技术水平和设备有较大的提高,并涌现出许多具有自主知识产权的专业处理设备供应商。图 6.3 为四工位 CRT(阴极射线管)切割设备,CRT 电视机处理量的增加,对处理效率提出了新的需求。成都金鑫泰机电设备有限公司开发的四工位 CRT 切割设备将原来最大做到 60 个 /h 的切割效率提升到 190~210 个 /h,并迅速在行业中推广应用。

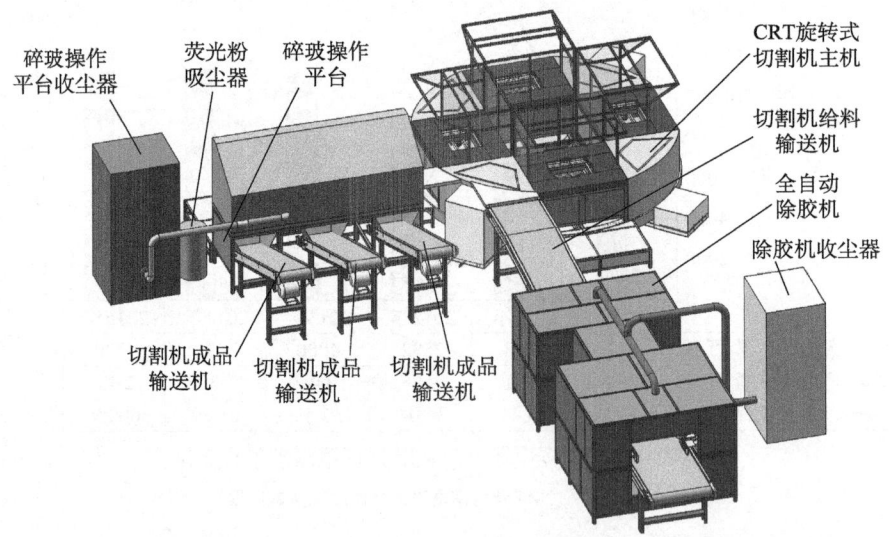

图 6.3 四工位 CRT 切割设备

通过处理深度调研,我国废弃电器电子产品处理企业大多以拆解为主。除了要求对 CRT 必须切割分离处理以外,拆解下来的印刷电路板、电线电缆、压缩机等大多卖给下游企业进行处理。虽然大部分处理企业以拆解为主,但仍有优秀的处理企业努力开展资源化深度处理,深圳市格林美高新技术股份有限公司

（以下简称格林美）便是其中的佼佼者，格林美资源化利用示意图如图6.4所示。

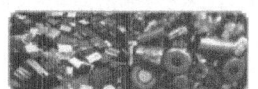 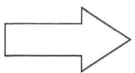 

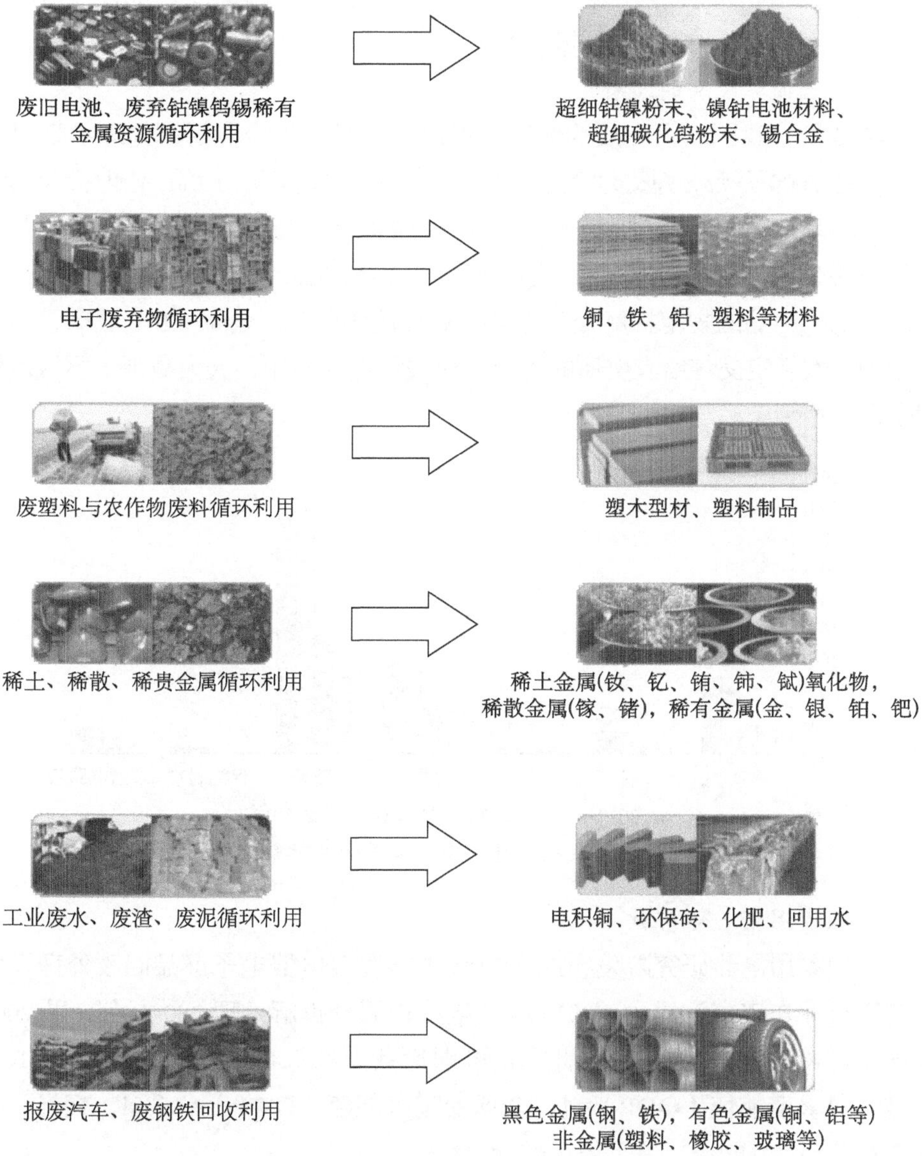

废旧电池、废弃钴镍钨锡稀有金属资源循环利用 → 超细钴镍粉末、镍钴电池材料、超细碳化钨粉末、锡合金

 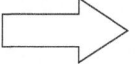

电子废弃物循环利用 → 铜、铁、铝、塑料等材料

 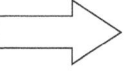

废塑料与农作物废料循环利用 → 塑木型材、塑料制品

 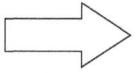

稀土、稀散、稀贵金属循环利用 → 稀土金属(钕、钇、铈、铽、铒)氧化物，稀散金属(镓、锗)，稀有金属(金、银、铂、钯)

 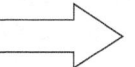

工业废水、废渣、废泥循环利用 → 电积铜、环保砖、化肥、回用水

 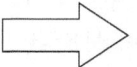 

报废汽车、废钢铁回收利用 → 黑色金属(钢、铁)，有色金属(铜、铝等) 非金属(塑料、橡胶、玻璃等)

图6.4 深圳格林美资源化利用示意图

6.3.5 实施效果分析

在《废弃电器电子回收处理管理条例》和配套政策全面实施的推动下，我国废弃电器电子产品回收处理行业得到了快速发展。不论在管理制度建设方

面,还是资源回收利用、节能减排、污染预防等领域都取得了显著的效果。废弃电器电子产品回收处理行业的快速发展,促进了我国循环经济的发展,同时也推动了我国 EPR 制度建设的进程。

1. 促进循环经济的发展

2015 年,我国获得资质的废弃电器电子产品处理企业拆解处理首批目录产品超过 7000 万台,总处理重量达到 165 万 t,同比增加 10%,处理行业的资源效益和环境效益日益显现。中国家用电器研究院测算,2015 年处理企业共回收钢铁 24.8 万 t、铜 7.3 万 t、铝 1.9 万 t、塑料 30.6 万 t(图 6.5)。同时,废弃电器电子产品的规范拆解处理减少了对环境的危害。含铅 CRT 玻璃、印刷电路板均按规定交售给有资质的下游企业进行综合利用,大大减少了不规范处理带来的铅污染。

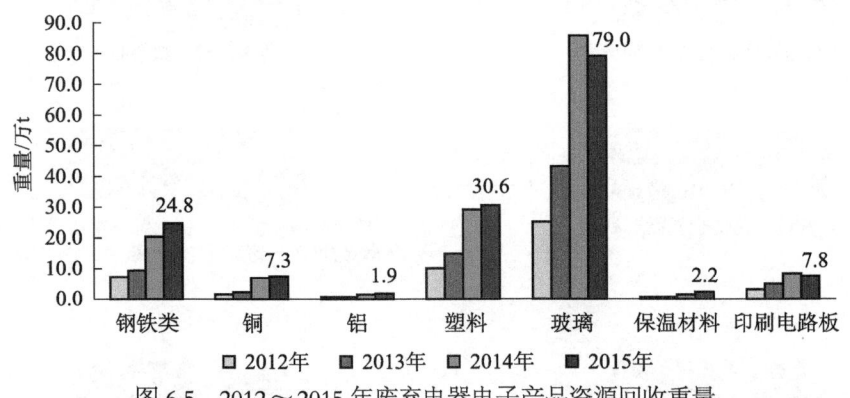

图 6.5　2012~2015 年废弃电器电子产品资源回收重量

2. 减少温室气体排放

中国家用电器研究院发布的《2015 中国废弃电器电子产品回收处理及综合利用行业白皮书》显示,2015 年废电冰箱累计拆解处理 280 万台。以 200L 电冰箱制冷剂平均重量 160g 计算,可理论减少 445t 电冰箱制冷剂排放 [R12 的破坏臭氧潜能值(ODP)=1,全球变暖潜能值(GWP)=8500],相当于减少 380 万 t CO_2 的排放量,与 2012 年持平。

2013 年,废房间空调器拆解处理 5.5 万台。以 1.5P 家用空调器制冷剂平均重量为 1.0kg 计算,可以理论减少 55t 房间空调器制冷剂排放(R22 的 ODP=0.05,GWP=1700),相当于减少 9.3 万 t CO_2 的排放量,为 2014 年的 4.2 倍。

3. 促进我国废弃电器电子产品处理技术的发展

随着我国废弃电器电子产品回收处理向规范化、规模化和专业化发展,处理企业对拆解处理技术的需求不断提高。越来越多的优化物流的高效整机拆解线得到推广和应用。人工成本的提高，对自动分选的需求也在不断增加。清华大学、机械科学研究总院等高校和科研机构研发的印刷电路板零部件自动分选设备得到了越来越多的处理企业的关注。

4. 推动我国EPR制度的建设

2014年2～4月，中国家用电器研究院电器循环技术研究中心针对国内知名电器电子产品生产企业开展EPR制度实施现状进行了调研。调研显示，随着《废弃电器电子回收处理管理条例》的实施，关注EPR的企业数量不断增加；在政策的支持下，由生产企业参与建立的处理企业的数量也在不断增加。此外，随着网络信息技术应用的发展，由第三方建立的基于互联网的回收体系蓬勃发展，如深圳的"E环365"、淘绿等，为生产者履行EPR提供了高效、低成本的逆向物流服务。

《废弃电器电子回收处理管理条例》是我国最早对EPR制度的探索和实践，该条例实施的经验和面临的问题将为我国完善EPR制度提供重要的支撑和借鉴，该条例制定的基金制度体现了EPR制度中生产者的经济责任。从该条例实施的效果来看，基金制度对快速发展废弃电器电子产品回收处理行业功不可没，但是现有的基金制度对于不同的废弃电器电子产品，实施效果差异很大。单一的基金制度不足以拉动整个电器电子产品回收处理行业的发展。

根据EPR理论，EPR制度中除了生产者的经济责任外，还有行为责任、信息责任等。发达国家EPR制度实施的模式也是多种多样的。其中，信息责任是管理的依据和手段，是必不可少的。行为责任和经济责任，既可以单独实施，也可以兼而有之。针对生产者的行为责任，有生产者自行承担的，也有委托第三方机构承担的，或者生产者联合承担的。

此外，在EPR制度中，仅有生产者参与是不够的，还需要销售商、消费者、回收者共同参与，政府发挥监管和引导的职能。因此，根据电器电子产品的行业特点，完善我国EPR制度将成为必然。

6.4 电子信息产品污染控制管理办法实施效果分析

经过工信部、地方经济和信息化委员会多年的监管和专项检查，目前，在中国销售的电子信息产品都较好地对产品进行了环保使用年限和有害物质的标注。

按照《国家统一推行的电子信息产品污染控制自愿性认证实施意见》的相关要求,以及《关于对从事国家统一推行的电子信息产品污染控制自愿性认证活动的认证机构、实验室开展确认工作的公告》(工业和信息化部与国家认证认可监督管理委员会 2012 年第 13 号联合公告)中对认证机构和实验室的确认要求和程序,依据认证机构的申请,经国家认证认可监督管理委员会(简称国家认监委)、工信部联合确认,从事国家统一推行的电子信息产品污染控制自愿性认证的认证机构(第一批)为中国质量认证中心、北京赛西认证有限责任公司、北京鉴衡认证中心有限公司。依据实验室申请,经以上三家认证机构评审确认并联合推荐,从事《国家统一推行的电子信息产品污染控制自愿性认证实施规则》(CNCA-RoHS-0101)的科研机构和企业得到确认,名单(第一批)如表 6.4 所示。

表6.4 第一批国推污染控制认证试验室

编号	实验室名称
1	南京出入境检验检疫局电子电气产品实验室
2	深圳市华测检测技术股份有限公司
3	中国电子技术标准化研究院赛西实验室
4	安徽省产品质量监督检验研究院
5	深圳市信华检测技术有限公司
6	威凯检测技术有限公司
7	深圳市计量质量检测研究院
8	国家电话机质量监督检验中心
9	中国赛宝实验室
10	江苏出入境检验检疫局轻工产品与儿童用品检测中心
11	谱尼测试科技股份有限公司
12	江苏省电子信息产品质量监督检验研究院
13	国家无线电监测中心检测中心
14	深圳市安姆特检测技术有限公司
15	中国家用电器检测所
16	中检集团南方电子产品测试(深圳)有限公司
17	苏州电器科学研究院股份有限公司
18	山东省产品质量监督检验研究院
19	宁波出入境检验检疫局检验检疫技术中心
20	广东省电子电器产品监督检验所

工信部官网 2012 年 7 月报导,工信部电子工业标准化研究院作为工信部

唯一入围的首批认证机构，也是唯一一家同时具备认证和检测确认资格的国推污染控制认证的实施单位，其下属北京赛西认证有限责任公司根据工信部及国家认监委的有关要求，在保证原有认证证书有效并满足转换条件的前提下，对此前颁发的自愿性认证证书进行了国推污染控制认证证书转换。北京赛西认证有限责任公司以此方式完成了我国第一批国推污染控制认证证书发布工作，苹果、三星、同方、奇美、晟碟、双羽、金发、沙伯等首批 30 家企业获得国推污染控制认证证书。赛西认证有限责任公司首批完成转换的认证证书共有 958 张，范围覆盖整机、组件、部件及元器件、材料等全部产品类别。

由于中国大量的电器电子产品生产企业在环保水平和技术水平上与发达国家有较大的差距，中国 RoHS 管理采用两步走和国推污染控制认证制度不仅符合中国电器电子产品行业发展的需求，同时也大大推动了中国有害物质管理的进程。

6.5 中国电器电子产品EPR企业实践

在《废弃电器电子回收处理管理条例》的推动下，一些大型的电器电子产品的生产企业已经进入废弃电器电子产品回收处理领域，并取得了较好的成绩，为中国 EPR 制度的完善奠定了良好的行业基础，如长虹、TCL、格力等。其中，长虹的产业链最为完整，EPR 实践的成果也最为突出。

始创于 1958 年的四川长虹电器股份有限公司，半个多世纪以来，历经军工立业、彩电兴业，到信息电子的多元拓展，逐渐发展成为国家首批创新型企业，已成为集军工、消费电子、关键器件与核心部件研发及制造于一体的综合型跨国企业集团和西南地区最大的电子军工集团，并正向具有全球竞争力的信息家电内容与服务提供商挺进，品牌价值高达 682.58 亿元，名列世界品牌 500 强。目前，长虹拥有员工 7 万余人，其中包括博士后、博士在内的专业人才 1.5 万余人，拥有现代化的培训中心、国家级技术中心和博士后科研流动工作站，被列为全国重点扶持企业、技术创新试点企业和创新型企业。

自 2000 年起，长虹就开始进行绿色制造技术和节能减排技术的研究与应用，目前已形成了一大批科研成果，涵盖产品节能、绿色材料、清洁生产、再资源化等方面，并孵化出西南地区最大的废旧家电回收、拆解、再资源化企业——长虹格润再生资源有限责任公司（以下简称长虹格润）。其初步打造出具备长虹特色的"绿色设计→绿色制造→绿色销售→绿色回收→绿色拆解→绿色再生→产品回用"的全封闭一体化商业模式,实现了"动脉"(产品市场流)和"静脉"(资源再生流)协调发展的长虹 EPR 体系。

长虹的 EPR 体系目前主要由五大部分构成,覆盖到家电产品全生命周期的各个阶段,分别为绿色制造、绿色回收体系、绿色拆解再资源化、电子产品和关键部件再制造,以及再生资源的利用。

6.5.1 绿色制造

绿色制造技术是指在从产品设计、制造、运输、使用、报废处理整个产品生命周期的过程中,综合考虑环境影响和资源效率的现代制造模式。其目的是将产品在生命周期中对环境的破坏或危害降到最小,并使资源综合利用率达到最高,同时尽可能地使废弃物资源化和无害化,从而使系统经济效益和社会效益达到最优,是实现制造业可持续发展的重要生产模式。绿色制造技术已在我国国民经济发展中起到了巨大的作用,并成为家电行业推进节能减排的重要技术手段。

长虹根据国民经济、社会发展和市场需要,针对家电行业的特点,进行了绿色设计技术的研究,核心是 3R 设计(即减量化、再利用、再循环)。减量化——属于输入端,旨在减少进入生产和消费流程的物质量;再利用——属于过程,旨在延长产品和服务的时间;再循环——属于输出端,旨在把废弃物再次资源化以减少最终处理量。长虹在产品的整个生命周期设计中贯穿了"减量化、再利用、再循环"的理念,重要工作和成果如下。

(1)长虹积极参与工信部、环保部等单位组织的 EPR 制度的立法及标准化工作,借鉴发达国家和地区 EPR 制度的管理经验,通过对公司前端设计制造、后端回收处理等各个环节的深入调研,研究生产制造与拆解回收之间运营的一种实施模式。

(2)针对发达国家和地区及国内电子电器行业在产品绿色设计的技术水平、产品评估准则等进行调研。以电视、空调、冰箱为主要研究对象,从产品全生命周期的角度,开展家电产品的 3R 设计技术的研究,并结合产品公司的生产实际情况,在家电产品上推广应用。

(3)以国外典型家电企业为案例蓝本,梳理家电行业低碳技术体系。研究适用于家电产品的碳足迹计算方法,分析各类碳源,建立碳排放网络图,通过建立家电产品的基础数据库,完成相应家电产品的碳足迹计算方法及软件的开发。

（4）建立长虹家电产品绿色设计评价方法及评价指标，逐步完善公司家电产品的绿色设计评价技术。同时通过研究电视、空调、冰箱产品的全生命周期的信息模型，开展材料选择、节约资源的设计等一系列绿色设计的工具集的研究，并将其有效地集成起来，为公司打造绿色家电产品提供更实用、更综合的决策分析和设计支持工具。

6.5.2 绿色回收体系

绿色回收体系的建设是家电企业实现 EPR 的关键保障。一方面，家电生产者需要通过以旧换新、节能升级等有效的营销手段，促进绿色产品的销售；另一方面，生产者需要建设深入到各级回收市场的回收体系，以实现废旧家电绿色回收的目的。

长虹格润成立于 2010 年 6 月，是四川长虹电器股份有限公司下属的全资子公司，具备五大类废旧家电（电视、冰箱、空调、洗衣机和计算机）的综合拆解处理 200 万台 /a 的处理能力。2013 年，长虹格润完成废旧家电拆解 100 余万台，产值超过 1 亿元。长虹格润作为长虹在循环经济领域发展的排头兵，依托长虹旗下 1200 余家电器专卖店，通过多年的发展与市场开拓，目前已形成了覆盖四川全省各级市场的废弃电器电子产品回收网络，初步掌握了废旧电子电器产品的关键回收渠道资源。

在回收渠道的建设上，长虹格润充分发挥长虹优势，整合市场资源，打造了具有长虹特色的"天网—地网"回收网络。既包含了"地网"——各区域自建网点及加盟回收商，又利用了"天网"——热线电话、网络平台等资源，实现了线上线下的 O2O 典型应用，同时依托先进的信息智能技术，开发应用于社区的废旧电子智能回收 ATM（自动柜员机），打造国内领先的智能回收平台。

（1）在"地网"——回收门店的建设和回收商的培育上，长虹格润通过业务下沉，目前已建立起覆盖四川全省主要社区和乡镇的回收渠道体系。并在此基础上，通过规范上门回收流程、规范废家电定价，以及保护用户隐私等多方面建立回收网络和健全回收服务。未来，长虹格润一方面将进一步整合社会资源，以区域（社区）为单位开发地面回收网络；另一方面将进一步实施回收渠道下沉，减少资源的中转环节，同时将现有的回收模式拓展到陕西省和安徽省市场，以获得更为优质和稳定的回收资源供应。

（2）在"天网"——回收信息中心的建设上，长虹格润目前已建立起回收热线（400-835-3333）、回收门户网站（http://www.gerunzs.com）、微信等多渠道的信息技术平台，并初步显现出效果。其中，2013年仅通过回收热线就回收废旧家电近万台。

（3）长虹格润积极推动先进的智能信息技术在回收渠道建设上的应用，实现回收体系线上线下的互动互通，并建立起以家庭户和单位为主体的资源库。下一步，长虹格润将陆续向居民小区和学校等投放智能回收ATM。长虹自主开发的智能回收ATM以图像识别技术为基础，可实现废数码产品自助回收过程中的动画显示、人机交互、机型识别、手机定价、条码打印、分类存储、网络连接等功能。其中，手机机型识别正确率≥90%；全程操作时间（操作、识别、定价、打印票据）少于1min；操作界面简洁大方，具备较好的用户体验；同时支持宣传广告视频的播放。智能回收ATM将逐步向成都市的各大小区、学校和单位投放。通过智能回收网络的建立，长虹格润可以更加有效地获取市场资源，并减少资源的中转环节，同时有力地宣传资源的循环利用，获得较好的经济与社会效益。

（4）长虹格润积极推动与具备回收资源的大客户的合作。为进一步拓展市场，掌控回收资源，长虹格润还将利用长虹品牌资源与电信运营商、家电连锁店和专卖店等合作，积极开拓大客户的资源回收。通过与运营商的合作，以废手机换话费的方式为消费者提供优惠，既宣传了长虹绿色环保的理念，同时也可以获得较为优质的回收资源。

6.5.3 绿色拆解再资源化

随着家电产业的快速发展与家电产品的更新换代，我国已开始进入家用电器报废的高峰期，每年的理论报废量超过6000万台，报废量年均增长20%。大量的废弃家电给环境和社会带来了巨大的压力。同时，废弃家电中又含有大量的非可再生资源，如塑料、铜、铁、铝、金等，回收价值大。对废弃电器电子产品进行绿色拆解和再资源化利用，不仅能有效缓解环境污染的压力，还能有效缓解资源枯竭的压力，具有重大的社会、经济和环境意义。

为实现废旧电子电器产品中资源的综合高效利用，减少传统手工拆解工艺中带来的二次环境污染，长虹在废旧家电绿色拆解再资源化方面进行了广泛和深入的探索研究。长虹格润投资上亿元于成都金堂节能环保产业基地建成了占地135亩的大型综合城市矿产基地，自主开发和引入多条先进家电拆解线，具备五大类废旧家电200万台/a的处理资质和能力，并完全实现了废旧家电拆解过程中零污染、零排放（图6.6、图6.7）。

图 6.6　长虹格润厂区

图 6.7　废旧家电拆解线

在废旧电器电子产品拆解的基础上，长虹格润将再资源化深加工业务作为未来发展的核心基石，目前已在废塑料改性、贵金属回收、线路板再资源化、锂电池回收处理等方向上取得了一定的成果。

1. 废塑料改性

在家电制造领域中，塑料消耗量巨大，从而造成在废旧家电拆解过程中产生了大量的废塑料，因此，废塑料的高值化利用成为家电拆解行业的重大机遇与挑战。废旧家电拆解得到的塑料的各批次回收料性能不稳定，使用渠道单一，从而造成回收料的增值空间有限。长虹格润通过对塑料均一化技术的研究，提出了一种基于废旧塑料均一化和界面相容性，以及增强、增韧机理的综合理论，为废旧电子电器塑料件的回收再利用提供了系统的解决方案。同时，针对废旧塑料，长虹格润并不是简单地回收再利用，而是通过高附加值提升技术的研究，提出了一种基于不同废旧塑料相溶剂体系、抗老化体系及分子界面设计的理论，较大幅度地提升回收料的附加价值，为废旧电子电器塑料件的高附加值再利用提供了最优的解决方案。目前，废旧家电塑料再制造技术已在长虹格润实现了产业化应用，生产规模达到 5000t/a，年产值 3000 万元，再制造的塑料达到家电产品使用要求，实现环保与经济效益的双丰收（图 6.8、图 6.9）。

图 6.8　改性塑料生产线

图 6.9　改性后的塑料

2. 贵金属回收

等离子电视显示屏中的汇流电极、寻址电极上含有一定量的银,具备较高的回收经济价值。长虹格润自主开发的废等离子屏银回收技术,主要针对废等离子屏玻璃基板上的银电极和等离子屏生产过程中产生的废银浆进行回收,重点解决电极用银浆料通过烧结方式与玻璃基板紧密结合,其表面还涂覆有其他介质,其银含量较小,以及玻璃遇溶液易黏结、银和介质难溶解等技术问题。应用该技术开发的等离子银回收设备可实现连续自动翻面,酸与超声波能快速均匀地与废等离子屏表面接触,快速高效地清洗废等离子屏退银的目的。目前,该技术设备已实现日处理废玻璃基板 3~4t,银回收率大于 90%,获得较好的经济效益(图 6.10、图 6.11)。

图 6.10 等离子屏银回收线

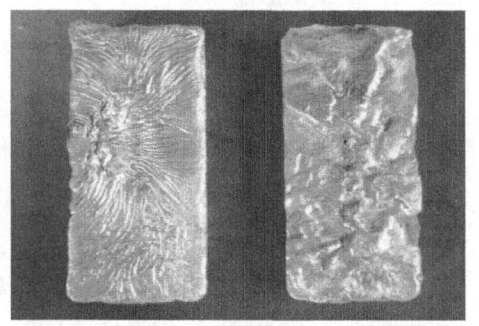
图 6.11 产出的银锭

3. 线路板再资源化

印刷线路板是所有电子产品的重要组成部分,线路板基板除了含有铜、金等金属材料以外,还含有大量的非金属材料,平均含量约在 70% 以上,传统的处理是将其填埋或者焚烧,这样会造成严重的环境污染和资源浪费。线路板的再资源化难点和重点都在于其中非金属材料的再生和再制造。长虹格润自主开发的线路板再资源化技术,针对分离出的非金属材料,利用线路板非金属材料是纤维和颗粒组成的混杂材料的特点,分析了线路板非金属材料的物理特性对其再利用方法的影响,研究了将其作为一种混杂的增强材料,利用线路板非金属制造树脂基复合材料的技术,设计出了抗弯强度优良的复合板。其抗弯强度比传统材料复合板提高了近 30%,含有线路板非金属材料复合板的抗弯强度最高达到 169MPa,具有很好的应用前景。在此基础上,课题组将该研究扩展到环氧树脂地板、汽车保险杠、增韧聚丙烯材料、游乐设备、市政、交通设施的应用上,其中利用线路板非金属材料制作的道路交通安全设施还得到了批量化的应用。同时，利用玻璃纤维制作水玻璃的工艺，从多渠道实现了废弃线路板非金属粉末的资源化（图6.12、图6.13）。

图6.12　线路板回收示范线

图6.13　线路板非金属粉再资源化产物

4. 锂电池回收处理

锂离子电池作为现代高性能电池的代表，近年来在笔记本电脑、移动通信终端、新能源汽车行业得到了广泛的应用。目前，全球锂离子电池的年产量已经突破了10亿只，废弃的锂离子电池需要得到安全环保的处理，且锂离子电池中含有钴、铜、铝等金属，具有回收再利用的价值。长虹格润自主开发的废锂离子电池综合处理技术，将废旧锂离子电池在密闭的剪切式破碎机中通过喷淋破碎，将六氟磷酸锂溶解到水溶液中，从而避免了与空气接触分解为五氟化磷和氟化氢，保护了工作人员的健康并降低了对破碎机的腐蚀，而且通过喷淋水溶液能将碳酸酯类物质溶解或带入水溶液中，便于集中处理。另外，通过碳酸氢钠浸泡放电、喷淋破碎清洗电解液并分离碳粉、在氢氧化钠溶液中分离钴酸锂粉末、清洗片状电池、过滤回收碳粉和钴酸锂粉末、浮选分离回收塑料和铜铝混合物的工艺，不仅能分步综合回收碳粉、钴酸锂粉末、铜铝混合物和塑料，还能简单有效地解决电解液的处理问题。2014年，锂电池回收技术已经在长虹格润投入产业化建设，处理规模达到300t/a。

长虹格润基于废旧家电拆解、再资源等核心技术的研究，先后承担了"十二五"国家科技项目"典型家电产品拆解、资源化及再制造成套技术与设备"、国家863计划项目"废弃电子产品线路板绿色拆解与资源化技术及应用"等重大课题，并获得"四川省科技进步一等奖""绿色制造科学技术进步奖"等重要奖项。

6.5.4　再制造

液晶、等离子显示屏和压缩机是平板电视、冰箱和空调的核心部件，由于其生产技术要求高、生产工艺复杂,其成本在整机中的比重较高,经济价值也较高,所以,高附加值的关键部件再制造关键技术的研究及应用有着巨大的市场潜力。长虹作为国内重要的家电供应商的同时,也是等离子显示屏、压缩机的重要供应商,因此在平板显示屏和压缩机再制造技术上也进行了深入的研究,并取得了一定的技术成果。

1. 平板显示屏再制造技术

电视是中国家庭最为重要的家用电器之一,而部分中国家庭的平板电视的役龄已超过十年,其报废的高峰期即将到来。高附加值的平板电视再制造关键技术的研究及应用有着巨大的市场潜力。显示屏为平板电视的核心器件,具备巨大的再制造价值。该技术研制的"平板电视模组再制造示范线处理设备"由检测设备、再制造设备和可靠性检测设备组成。对于核心的 TCP 电极故障修复,技术工序为用热风枪(加热温度为 2200～3000℃)加热熔化 TCP 边缘封胶以取下损坏的 TCP,并用无尘棉球蘸少量丙酮溶液去掉 cell 电极表面的残留黏胶。将新 TCP 的表面电极利用 ACF 导电胶预黏、加热、加压之后,放置于脉冲热压机的 TCP 吸盘台面上,并用压头进行定位。调整装有新 TCP 的吸盘台面伸向压头面,对准液晶基板 cell 的电极和 PCB 线路板上的电极,细调设备操作杆间距,通过左右显微放大屏幕准确对位所压的 TCP 与液晶基板 cell 的电极重合后进行热压(2000～2100℃)操作。降温、清洗后通电检查,并涂装硅胶于 TCP 与液晶基板 cell 的电极黏合处,并通电检查。目前,该技术已实现产业化应用,处理能力达 100 片 /d,修复率达 95%。

2. 压缩机再制造技术

压缩机作为冰箱和空调等家电产品的核心部件具有较高的产品附加值。目前,国内处理废旧压缩机时,主要拆解回收材料,不仅造成了资源的巨大浪费,而且给环境造成了严重的负担。压缩机再制造的关键是零件的清洗和再制造加工。清洗是保障压缩机洁净度的关键;再制造加工则是配合间隙优化的前提。电机定子清洗采用专用清洗剂,清洗时先用喷淋或漂洗方式清除大部分污物,再采用超声波进行精细清洗。为保证零件的干燥度要求,清洗完成后要进行烘干处理。曲轴再制造加工技术针对曲轴的摩擦损坏失效,采用机械精磨 + 磷化处理 + 表面抛光的方式进行处理。该技术已开发出一套压缩机无损开壳装备,处理能力达 300 台 /d。

目前,长虹经过再制造的显示屏、压缩机等关键部件在质量检验达标后,进入到长虹家电产品的维修和售后服务网络中，有效降低了家电产品售后服务的成本，为消费者带来了实实在在的利益。

6.5.5 再生资源的利用

中国是一个人均资源较为匮乏的国家，自20世纪90年代以来，为了实现资源再利用，减轻环境污染，国家先后推出一系列优惠扶持政策，再生资源行业得到了迅猛发展。据统计，2006～2011年，我国再生资源行业工业总产值年均复合增长率达到50.49%。2011年，我国995家规模以上再生资源企业共实现工业总产值2986.98亿元。不过我国再生资源行业发展与欧美等发达国家相比还有很大的差距。《2013—2017年中国再生资源行业发展前景与投资预测分析报告》数据显示，我国废塑料的回收率不到25%；再生铅消费率仅为33%，而美国已经达到82%。

与使用原生资源相比，使用再生资源可以大量节约能源、水资源和生产辅料，降低生产成本，减少环境污染。同时，许多矿产资源都具有不可再生的特点，这决定了再生资源回收利用具有不可估量的价值。

长虹在废旧家电拆解再资源化的基础上，积极推动再生资源在家电产品上的应用。例如，家电拆解的废旧塑料通过分选、清洗、改性加工后，作为原材料供应给长虹模塑科技有限公司，由其注塑、喷涂成机壳，供应给长虹多媒体产业公司、长虹空调有限公司等，组装成整机电器产品；从废线路板上回收的贵金属金，经加工、提炼之后，作为生产原料供应给长虹集团旗下的军工企业——四川华丰企业集团有限公司，由其应用于高精度的连接器件的加工制造上，供载人航天、卫星等国防和航天使用。

长虹作为一个具有社会责任感的国有大型家电企业，在践行EPR制度上进行了大胆的探索，目前长虹已初步形成了以绿色制造、绿色回收、绿色拆解再资源化、再制造和再生资源的利用为主体的家电产品全生命周期生态圈。

第 7 章
中国包装废弃物实施 EPR 制度探索

7.1 包装废弃物循环利用现状及问题

7.1.1 包装废弃物的产生及循环利用的现状

1. 包装废弃物的产生

包装废弃物来自人类生产和生活诸多环节。从来源上看,包装废弃物主要来自家庭住宅、商业部门、公共场所、工业部门内部等,如表 7.1 所示。

表7.1 包装废弃物主要来源分类

来源	举例
家庭住宅	公寓、出租房、居民小区、宿舍等
商业部门	写字楼、购物中心、宾馆、机场、餐馆等
公共场所	学校、医院、监狱、政府部门等
工业部门内部	不包括生产剩余物

改革开放后,中国包装工业的名义产值以全年 18% 的速度递增[1],包装工业总产值迅速增长,经过多年发展,已经在国民经济发展中发挥着巨大作用。据中国包装联合会统计,2010 年中国包装工业总产值超过 12 000 亿元/a,占整个规模以上工业产值的 1.7%,其中纸质包装比重最大,占整个包装工业比重超过 1/3。

由于包装物的功能随着被包装物的消费而被废弃,所以其具有生命周期短的特点，以纸类和塑料包装尤为突出。在产业的快速发展背景下，废弃包装物数量也十分庞大，并且日益增长，已成为再生资源的重要组成部分。据统计，2005年，中国每年包装废弃物产生量达到了1600万t/a，并且以每年12%的速度增长[2]。

2. 包装废弃物的回收

按目前的回收水平计算，中国每年回收瓦楞纸箱140万t，玻璃瓶10亿只，各种铁桶4000万只，包装布1亿m，各种麻袋3000万只[2]。

包装废弃物的回收由市场经济机制驱动，社区保洁员、收集人员或者游走各个社区的回收人员从排放人员处回收包装废弃物，把有价值的包装废弃物卖给回收站或直接卖给循环利用企业。在国内，存在相当数量的专门依靠回收或收集废品为生的人群，称为"拾荒大军"。经过这些回收者的收集和分拣，转运到最终处理厂的垃圾中的包装废弃物含量逐渐减少。

包装废弃物回收体系的另一大要素是回收站，即废品的聚集和中转站，将包装废弃物收集到一定量时，整车运往循环利用企业。有些地区由于周边没有相关的循环利用企业，往往设有再生资源集散中心，起到再次聚集废品的作用。

3. 包装废弃物的循环利用

1）纸制包装废弃物的循环利用

在纸、塑料、金属和玻璃四大类包装材料中，纸制包装由于成本相对较低、生产方便及可回收再利用等优点而得到最快发展。从1999年开始，中国纸包装制品业的产值超过了塑料包装制品业的产值，跃升为包装行业的第一位。[3]2014年，纸包装行业产值为3300亿元，占我国包装总产值的50%左右。1996～2015年纸制品包装产量变化如图7.1所示，由此可见，纸制包装废弃物的产生量也必然随之快速增加。

中国废纸回收利用随着造纸工业发展而快速增长。废纸浆用量从1995年的760万t，上升到2000年的1230万t，占造纸浆总用量的41%。到2010年，箱纸板和瓦楞原纸用各类废纸量占80%～90%。[4]尽管目前废纸原料也在逐年增加，但还是满足不了产能的需要，废纸原料仍需依赖进口，并且呈上升趋势。

瓦楞纸是纸制包装最主要的原料。从2003年开始，中国瓦楞纸板产量超过日本和欧洲，成为仅次于美国的世界第二生产大国。目前，中国有纸箱厂约40 000家，其中瓦楞纸生产线约4500条（包括不能使用的），2012年中国瓦楞纸箱产量为2809.21万t，同比增长9.05%，2013年中国瓦楞纸箱产量为3057.01万t，同比增长8.82%，2014年中国瓦楞纸箱产量为3807.15万t。

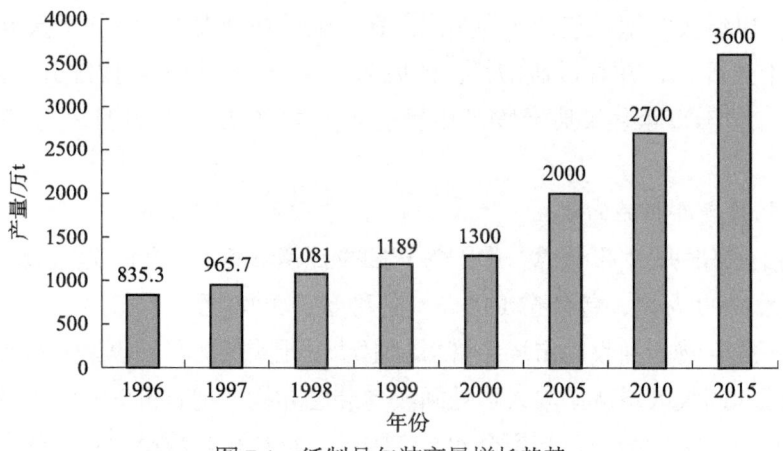

图 7.1　纸制品包装产量增长趋势

2）废旧金属容器的循环利用

金属容器产值占中国包装工业总产值的 10%～20%[5]，其主要为食品、罐头、饮料、油脂、化工、药品及化妆品等行业提供包装服务，其中以食品工业和化工产业为主。

2001～2015 年中国金属容器产量变化如图 7.2 所示。从总体上看，中国金属容器产量呈稳定增长趋势，2015 年，金属容器年产量达 490 万 t。目前，气雾罐人均消费不足 0.4 罐，食品饮料罐消费不足 1.5kg，而欧洲发达国家这两种金属容器的人均消费分别为 11 罐和 50kg[6]，因此从人均消费量来看，中国金属容器市场尚有很大潜力，中国每年报废的金属容器数量也将随着产业市场的发展而不断增加。

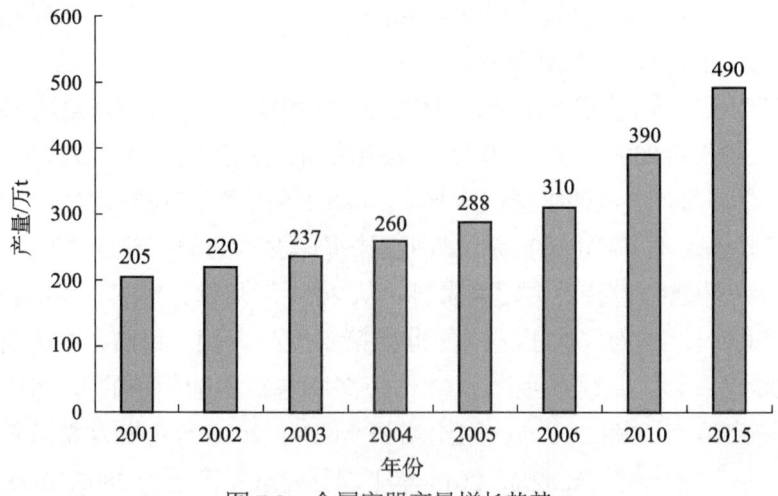

图 7.2　金属容器产量增长趋势

由于金属容器价值较高，废弃的金属容器普遍被回收利用。金属容器按材料分可分为铝制、铁制、钢制包装等，其中以铝制包装的生产和应用最为广泛。因此，对废弃金属容器的回收主要集中在使用完的铝制容器的再利用上。

相比于矿石开采，直接回用废弃金属容器不管在工序还是在成本上都简单和低廉许多。因此，一般生产金属容器的企业都会回用废金属作为生产原料，这使得废旧金属容器的回收利用率都高于其他包装废弃物。

过去30年，国内金属容器在全国的市场格局没有大的变化，珠三角、长三角、环渤海等经济圈仍是金属容器产业比较发达、集中的地区，如山东省烟台市、青岛市及周边地区，四川省成都市，新疆维吾尔自治区乌鲁木齐市及周边地区，辽宁省沈阳市及周边地区等新的热点地区。而西南地区、西北地区的金属容器行业发展缓慢。

3）废旧玻璃制容器的循环利用

近年来，在许多领域，塑料制容器替代玻璃制容器，已显得司空见惯。然而，在啤酒、饮料、医药、食品、化工、化妆品等行业一些特殊领域，玻璃容器仍发挥着塑料制容器无法替代的作用。图7.3列出了1998～2008年中国日用玻璃制品产量[5]。从图7.3中可以看出，日用玻璃制品产量呈逐年增长趋势，其中以白酒、罐头、酱油、啤酒四大商品玻璃制容器为主的玻璃包装占了重要部分。

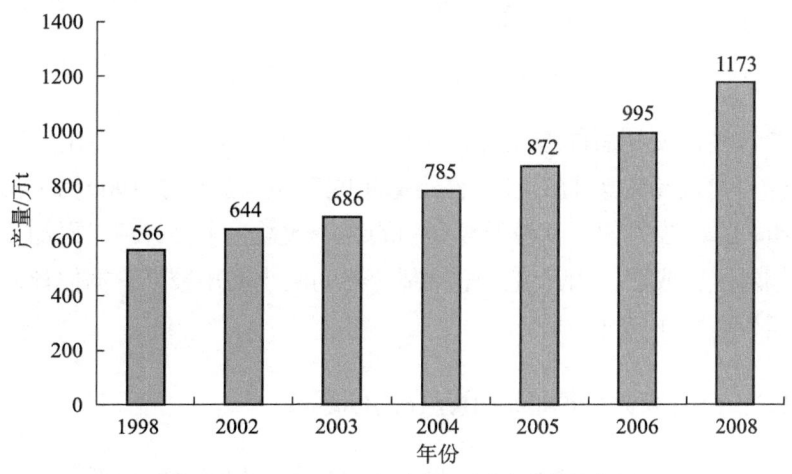

图7.3　1998～2008年中国日用玻璃制品产量

玻璃制容器量重易碎，回收十分困难，再加上再生生产设备投入成本高、风险大、经济效益相对较低，使得废旧玻璃制容器的循环利用较低。据估算，中国的废玻璃回收率只有13%～15%[7]，与其他包装废弃物的回收利用率相差较大。由此可见，大量的废玻璃还没有得到有效的回收与利用。

4）废旧塑料制容器的循环利用

塑料有良好的物理、化学性能，具有较好的力学性能、可随意造型、良好的印刷性等优点，这些优点使得塑料制容器迅速发展。中国塑料制容器的产量1980年只有19.1万t，其后产量持续增长，到2006年已达到893.4万t，每年的增长率都在10%左右。瓶用聚酯消费量2004年约为140万t，2005年约为175万t，其中80%为饮料瓶，约140万t[5]。1980～2010年中国塑料制容器产量增长如图7.4所示。

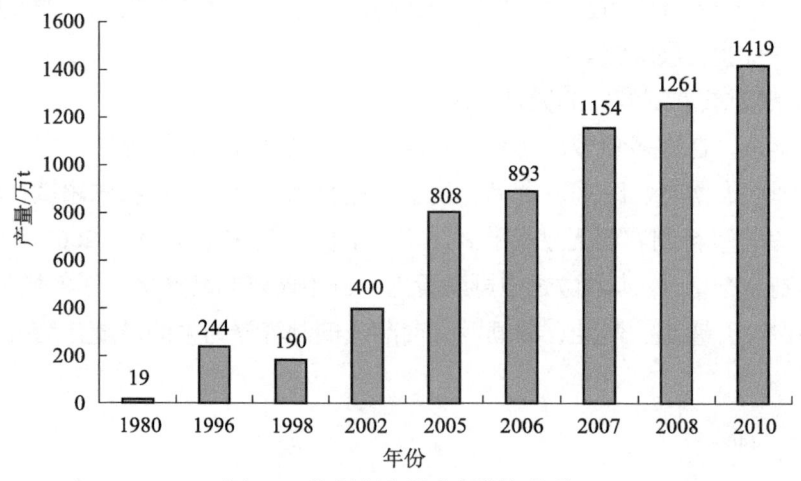

图7.4　塑料制容器产量增长趋势

容器包装被使用后即被废弃，至少80%的塑料制容器制品在一年内被废弃，由此可见近年来废旧塑料制容器每年的产生量达到了1000万t以上。由于量大质轻、回收方便，其被循环利用的经济效益也十分客观，再加上该方面的技术相对比较成熟，因此废旧塑料制容器的回收利用较高，据估计，其回收利用率至少在80%以上。

7.1.2　包装废弃物循环利用存在的问题

目前，中国包装废弃物资源化利用不够规范，技术水平偏低，回收体系不健全。

1.资源化利用不够规范

中国包装废弃物循环利用的大多数企业生产规模小，全行业产业集中度普遍较低。目前，行业缺乏准入管理，发展水平参差不齐，市场竞争无序，亟待加以规范。包装废弃物循环利用中环境污染问题也比较突出。因缺乏有效领导和协调，一些企业的污水未进行处理就地排放，地下水质受到影响。

要严格行业准入条件，促进包装废弃物循环利用企业的规模化发展；对落后产能实行限期治理和整改，仍不达标的应予以关停；对未完成淘汰落后产能任务的地区，暂停投资项目核准和审批；加大对限期淘汰装备的监管力度，防止擅自扩容改造和异地转移。

2. 技术水平偏低

循环利用技术发展水平不均衡，尚未形成促进包装废弃物资源化的技术支撑体系，综合能耗、污染物排放、资源回收利用率等关键指标与发达国家差距明显；技术装备水平落后，在工程设计中具有创新的原创设计少，行业自主创新能力不强，关键技术装备大量依靠进口；并且回收、处置技术的开发还缺乏一个强有力的、专业化的组织机构领导。

因此，包装废弃物资源化利用中需要加快科技创新，推进产业升级，建立包装废物综合利用技术体系；大力开展先进的复合类包装材料分离技术、包装废物再生利用集成技术、低品质包装材料的综合利用技术等相关研究；结合示范工程的建设，对技术的适用性进行评估，建立适应中国社会经济特点的包装废物综合利用技术体系。

3. 回收体系不健全

中国尚未建立起完整的包装废弃物的回收市场体系，回收利用状况不容乐观，不利于包装废弃物资源化产业的发展。

首先，废弃物没有实现源头分类，各种废弃物混杂在一起，加大了后续分拣和处置的成本。其次，在回收环节，大部分有价值的包装废弃物被游散的个体回收者回收，这些个体回收者规模小而分散，没有回收分类分选加工打包能力和系统管理，造成包装废弃物收购质量差含杂高。例如，目前废纸的分类只分为书、报纸和瓦楞纸箱三大类，没有形成严格的废纸回收细分体系，造成巨大浪费。在缺乏行业标准和统一监管的情况下，难以出现有实力的大型供货商，难以满足正规企业大规模生产的需要。在循环利用环节，市场处于无序竞争状态，大规模企业由于环保成本的压力而处于竞争的弱势，大量的回收废料流向技术落后的非正规小企业，被加工成低档次产品，没有发挥包装废弃物的资源价值，还带来严重的二次污染。

因此，未来中国需要借鉴国际先进的包装废弃物回收体系的经验，重构中国的回收体系，实现效率与环境安全的双重目标。应加快研究回收体系建设和循环利用技术，需要从国家、省、市层面进行长远规划和布局，合理规划包装废物循环利用网络；可以考虑以国内再生资源回收体系试点建设为基础，结合中国包装废弃物回收特点，充分利用、规范和整合现有回收渠道。统一规划、合理布局，选择具有一定规模和实力的企业建设回收示范工程。加快包装废弃物规范化交易和集中处理，逐步在全国形成覆盖全社会的回收利用体系。

7.2 低值资源类包装废弃物循环利用案例研究

为掌握低值资源类包装物玻璃瓶、饮料用纸包装等的回收、运输及循环利用的现状，笔者在此介绍对嘉兴市玻璃瓶回收实验的经验，以及有关低价值资源性垃圾循环促进可行性研究（FS）的调查结果，探讨玻璃瓶和饮料用纸包装（纸制复合容器）循环利用所需的条件。

7.2.1 玻璃瓶循环利用物质流分析

为掌握玻璃瓶循环利用的现状，本案例就玻璃瓶制作了中国玻璃瓶循环流方案。该玻璃瓶循环流方案在制作时主要参考了相关国家及行业等的数据中能够收集到的信息，并通过对相关公司的访问调查进行补充，体现了构建循环流的基本思路。

1. 物质流制作方法

根据相关统计数据和走访调查相关企业（玻璃生产商、啤酒企业、玻璃回收企业等）的结果，本书制作出中国 2011 年以啤酒瓶为主的玻璃瓶的循环流方案。

2. 玻璃瓶的物质流制作主项

①玻璃生产量；②玻璃制品生产量；③玻璃包装生产量；④啤酒瓶生产量；⑤玻璃瓶的进出口量；⑥啤酒瓶的循环利用量；⑦啤酒瓶的使用量和流通量；⑧啤酒瓶的再生利用量；⑨啤酒瓶（碎玻璃）的回收量；⑩玻璃厂的碎玻璃的使用量。

此外，表 7.2 所示的 28 个小项是去掉不涉及的统计数据并设定条件制作的。

表7.2 制作玻璃瓶物质流所需的计算依据

2011年玻璃瓶物质流计算数据验证（根据啤酒产量计算一次性瓶使用量时）

	项目	数据	单位	根据	出处
1. 玻璃生产	1.1 玻璃产品产量	2062.10	万t	统计数据	《中国轻工业年鉴2012》
	1.2 玻璃包装产量	1320.00	万t	统计数据	《中国轻工业年鉴2012》
2. 玻璃瓶生产	2.1 玻璃瓶产量	660.00	万t	（1.2）×50%	玻璃厂访问调查结果
3. 玻璃瓶的进出口量	3.1 玻璃包装容器进口量	1.66	万t	统计数据	《中国轻工业年鉴2012》
	3.2 玻璃包装容器出口量	100.94	万t	统计数据	《中国轻工业年鉴2012》
	3.3 玻璃瓶（空瓶）进口量	0.58	万t	（3.1）×35%	
	3.4 玻璃瓶（空瓶）出口量	35.33	万t	（3.2）×35%	
	3.5 玻璃瓶（啤酒灌装）进口量	4.61	万t	6.4（啤酒进口量：万kL）×90%（瓶装啤酒比例）×0.8g/mL（单位啤酒瓶容量的瓶身重量）	啤酒厂访问调查结果
	3.6 玻璃瓶（啤酒灌装）出口量	15.91	万t	22.1（啤酒进口量：万kL）×90%×0.8g/mL	
4. 啤酒瓶的使用量和流通量	4.1 啤酒产量	4899.00	万kL	统计数据	《中国糖酒年鉴》
	4.2 啤酒瓶产量	3527.28	万t	（4.1）×90%×0.8g/mL	啤酒公司访问调查结果
5. 啤酒瓶的再生利用	5.1 可回收新瓶投放量	198.00	万t	（2.1）×30%	
	5.2 一次性新瓶投放量	427.25	万t	（2.1）×70%−（3.4）+（3.3）	
	5.3 可回收瓶使用量	940.61	万t	（4.2）×80%÷3	啤酒厂访问调查结果
	5.4 一次性瓶使用量	705.46	万t	（4.2）×20%	
	5.5 啤酒瓶的流通量	1634.76	万t	（5.3）+（5.4）+（3.5）−（3.6）	

续表

项目		数据	单位	根据	出处
6. 啤酒瓶（碎玻璃）的回收	6.1 使用及流通时可回收瓶的破损	188.12	万t	(5.3)×20%	
	6.2 使用及流通时可回收瓶的破损（回收部分）	150.50	万t	(6.1)×80%	
	6.3 使用及流通时可回收瓶的破损（未回收部分）	37.62	万t	(6.1)-(6.2)	
	6.4 啤酒厂检查等时废弃的可回收瓶	47.03	万t	(5.3)×5%	啤酒厂访问调查结果
	6.5 一次性啤酒瓶未回收量	451.20	万t	{(5.4)+(3.5)-(3.6)}×65%	
	6.6 一次性啤酒瓶回收量	242.95	万t	{(5.4)+(3.5)-(3.6)}-(6.5)	
	6.7 啤酒瓶（碎玻璃）回收量	440.48	万t	(6.2)+(6.4)+(6.6)	
	6.8 残渣	35.24	万t	(6.7)×8%	
	6.9 其他用途	5.28	万t	(6.7)-(6.8)-(7.3)	
7. 玻璃厂的碎玻璃使用	7.1 玻璃厂的碎玻璃使用量（用于玻璃瓶）	396.00	万t	(2.1)×60%	
	7.2 混入异物	3.96	万t	(7.1)×1%	
	7.3 碎玻璃运入量	399.96	万t	(7.1)+(7.2)	

3. 2011年物质流分析

2011年中国的玻璃瓶循环流如图7.5所示，具体的玻璃瓶循环利用现状如下。

（1）玻璃制造厂的实际情况：玻璃制品生产量为2062万t。其中，玻璃容器生产量为1300万t（63%）；生产的玻璃容器中，啤酒瓶及其以外的玻璃

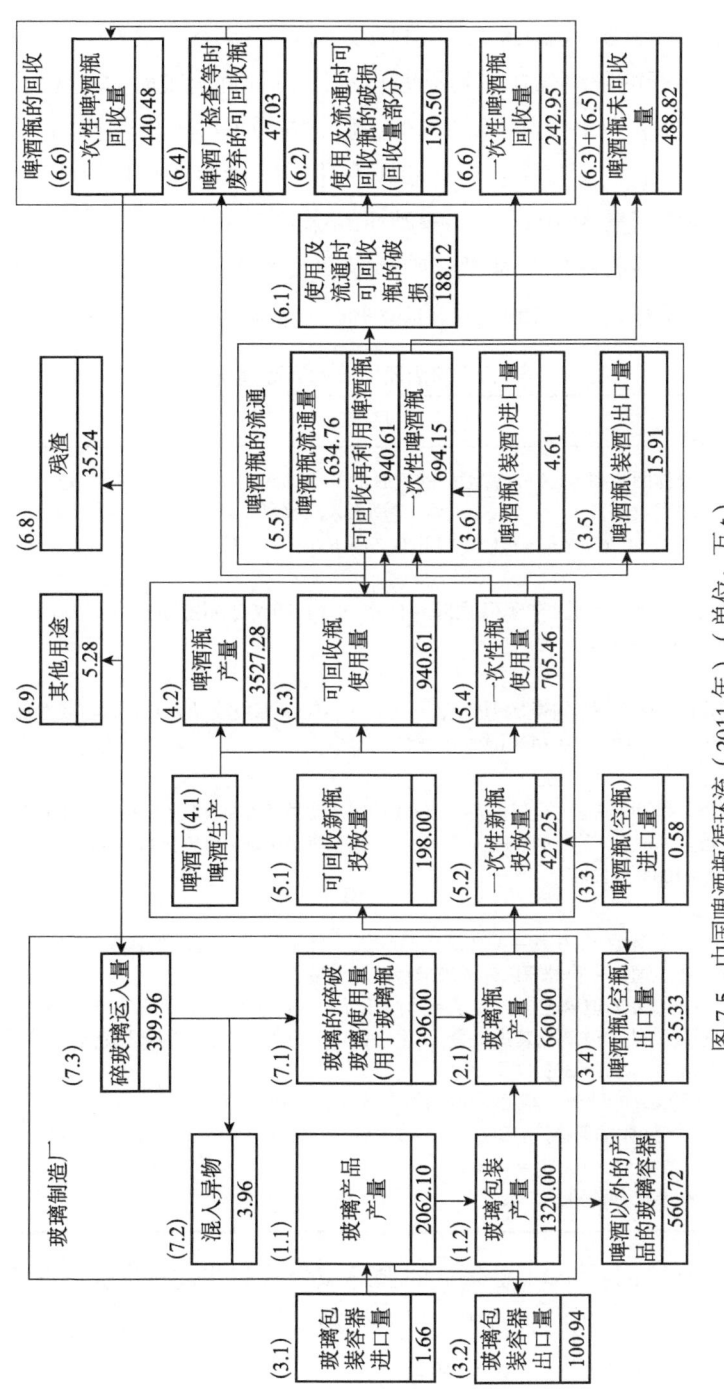

图 7.5 中国啤酒瓶循环流（2011 年）（单位：万 t）

容器生产量为 650 万 t（50%）；啤酒瓶以外的玻璃容器在中国国内的流通量为 550 万 t；生产的啤酒瓶中，可回收再利用的新瓶投放量为 195 万 t（30%）、一次性瓶的投放量为 420 万 t（65%），剩余 35 万 t（5%）为出口。

（2）啤酒厂的实际情况：可回收再利用的啤酒瓶的使用量为 940 万 t；一次性啤酒瓶的使用量为 705 万 t。啤酒瓶的流通量为 1635 万 t。

（3）啤酒瓶回收的实际情况：啤酒瓶回收的实际情况如表 7.3 所示。啤酒瓶回收量为 443 万 t；玻璃制造厂的啤酒瓶（碎玻璃）入厂量为 394 万 t。

表7.3　啤酒瓶回收的实际情况

类别	回收计算	回收率
①	啤酒瓶整体回收率＝{（5.5 啤酒瓶的流通量）-（6.3 使用及流通时可回收瓶的破损（未回收部分））-（6.5 一次性啤酒瓶未回收量）}/（5.5 啤酒瓶的流通量）＝（1634.76-37.62-451.20）/1634.76×100%＝70.1%	70.1%
②	仅可回收再利用啤酒瓶的循环利用率＝{100%-（可回收再利用瓶的全年损失）}＝100%-25%＝75%	75%
③	可回收再利用啤酒瓶的新瓶投放比例＝（5.1 可回收新瓶投放量）/（5.3 可回收瓶使用量）＝198.00/940.61×100%＝21.1%	21.1%
④	可回收再利用啤酒瓶的全年损失＝{（6.1 使用及流通时可回收瓶的破损）+（6.4 啤酒厂检查等时废弃的可回收瓶）}/（5.3 可回收瓶使用量）＝（188.12+47.03）/940.61×100%＝25%	25%
⑤	玻璃瓶整体循环利用率＝（啤酒瓶回收量+啤酒瓶以外的玻璃包装回收量）/（啤酒瓶流通量+啤酒瓶以外的玻璃包装流通量） ●啤酒瓶以外的玻璃容器流通量＝啤酒瓶以外的玻璃包装生产量（1320-660）+啤酒瓶以外的玻璃包装进口量（1.66-0.58）-啤酒瓶以外的玻璃包装出口量（100.94-35.33）＝595.47万t ●啤酒瓶以外的玻璃容器回收量＝595.47×10%＝59.55万t ●玻璃瓶整体循环利用率＝（1145.94+59.55）/（1634.76+595.47）＝1205.49/2230.23×100%＝54% ●不含瓶装产品的进出口量	54%

（4）各项循环利用率：玻璃瓶的循环流今后需要进一步提高准确度，这就需要对相关统计数据的精确调查，以及对玻璃生产企业、啤酒企业、玻璃回收企业等相关各行业数据进行统计和公布。

7.2.2 嘉兴市的玻璃瓶循环利用推进实验

中国包装废弃物的循环利用是建立在以市场原理为基础、回收人员和回收站为主体的回收体系基础上的，但也存在以下弊端：①排放源的分类不彻底，导致回收资源性垃圾的质量差，已经无法满足当前再生品的质量要求；②玻璃瓶等物品虽然以前得到了循环利用，但由于回收成本的增加，目前渐渐得不到回收利用了，这些不再被回收的资源性垃圾被当成普通垃圾收集，导致垃圾的处理和处置量增加，进而对处理及处置设施产生影响。

为此，中国政府在国务院下发的 [2011] 第 9 号通知中提出推进垃圾分类，同时国家发改委也正加速进行强制回收玻璃瓶等的制度建设工作。

笔者所在课题组在嘉兴市进行了嘉兴市玻璃瓶循环利用体系（图 7.6）建设实验，其目的是通过在排放源建设一个分类及回收体系，验证因价值低廉而被作为垃圾处理的玻璃瓶的循环利用的可行性，同时旨在减少嘉兴市的城市垃圾处理量。

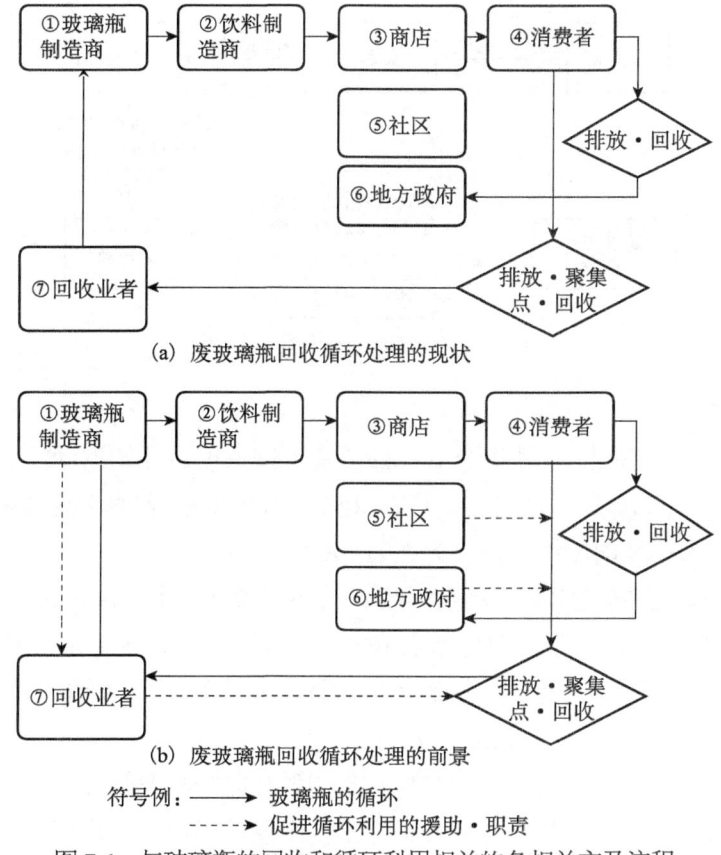

图 7.6　与玻璃瓶的回收和循环利用相关的各相关方及流程

1. 实施内容

以 4 个社区为对象，设置了共 15 处、45 个玻璃瓶排放容器。实施日程共计 5 个月。

2. 玻璃瓶回收体系

（1）分类玻璃瓶的回收方法如图 7.7 所示；

（2）居民将玻璃瓶按颜色排放到玻璃瓶专用容器中；

（3）社区管理公司对社区保洁员进行指导，并对居民的排放情况进行指导；

（4）项目实施单位每周对玻璃瓶排放容器的储存情况进行确认，若其中任何一个容器已装满，则立即联系指定回收单位，由回收单位将其送往指定中转站；

（5）当玻璃瓶在中转站累积到一定数量时，由当地玻璃制造企业直接运送到玻璃工厂。

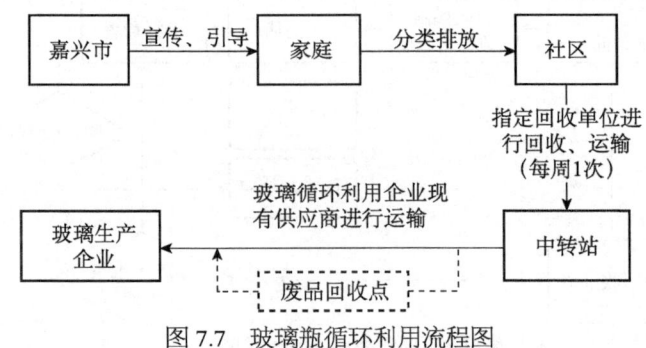

图 7.7　玻璃瓶循环利用流程图

3. 实施结果

5 个月的玻璃瓶排放量共计 1966kg。其中试点项目开始启动的 6 月份排放的玻璃瓶共计 521kg，9 月减至 6 月的 56%，为 292kg，具体如图 7.8 所示。换算成人均每天的玻璃瓶排放量，为 2.9g/人·d。

按不同颜色排放的比例：无色为 48%、绿色为 21%、其他颜色为 31%（图 7.9）。

因未贯彻按颜色排放而导致各色玻璃瓶混合的比例在 5 个月里平均为 15.2%，随着实施时间变长，按颜色排放逐渐得不到贯彻（图 7.10）。混入其他垃圾的比例平均为 20%（图 7.11）。

居民宣传教育与分类指导的结果：封闭型社区的物业管理公司、开放型社区的居委会在居民宣传教育及分类指导工作中发挥了很大的作用。

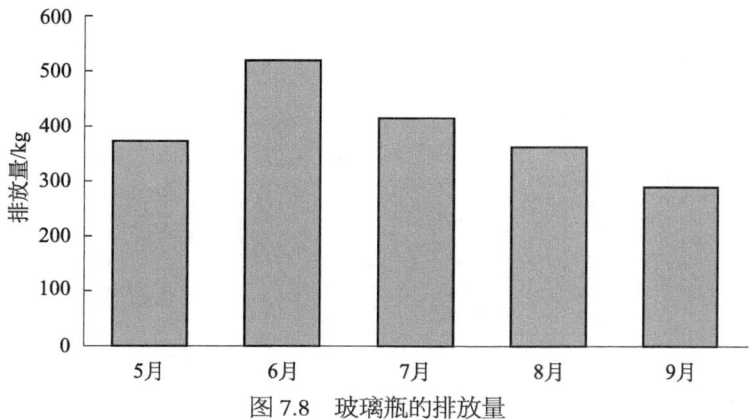

图 7.8　玻璃瓶的排放量

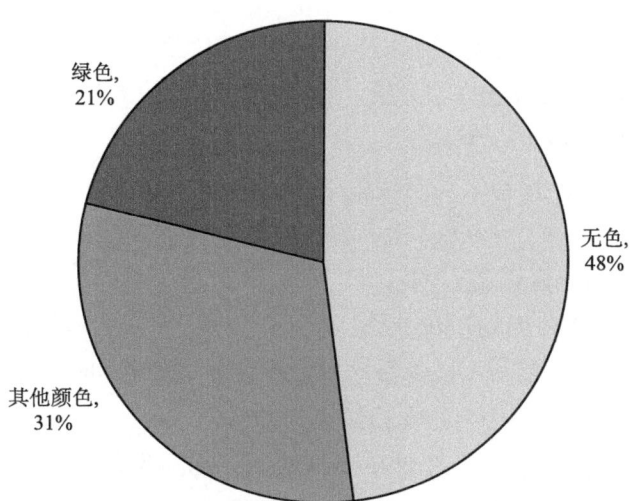

图 7.9　玻璃瓶按不同颜色排放的比例

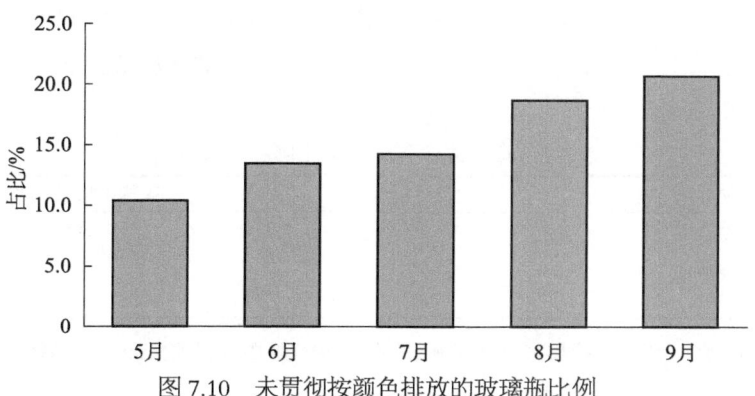

图 7.10　未贯彻按颜色排放的玻璃瓶比例

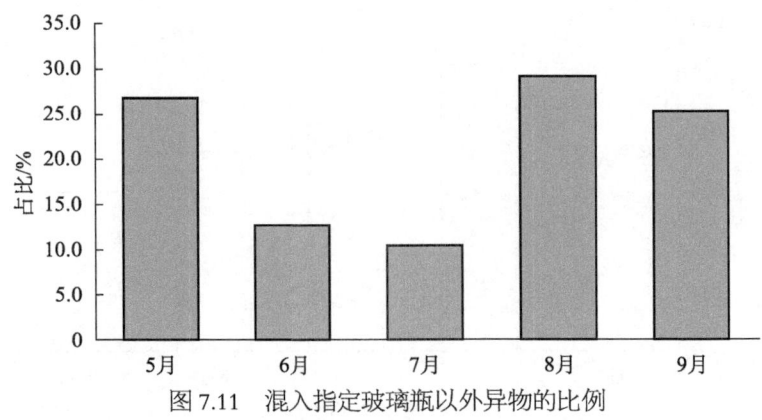

图 7.11　混入指定玻璃瓶以外异物的比例

4. 成本效益分析

根据嘉兴市玻璃瓶分类回收实验的结果，笔者对扩大的对象区域（秀州区及南湖区）的成本效益进行了分析。用于换算成现值的折现率参考最近10年中国的国债利率，设定为4%。

（1）玻璃瓶产生量＝人均产生量 × 人口 × 365
　　　　　　　＝9.8g/人·d × 837 500人 × 365/1 000 000 ＝ 2996t/a。

其中，9.8g/人·d＝嘉兴市人均每天的垃圾产生量（450g）× 玻璃瓶的成分比例（2.17%）[8]，人口为837 500人[9]。

（2）玻璃瓶回收量＝（玻璃瓶产生量）×（玻璃瓶回收率）。

其中，回收率2014年5～9月的实验结果为29%。

（3）成本包括：①宣传教育及筹备费用；②回收费（从社区到中转站）；③运输费（从中转站到玻璃厂）。

（4）效益包括：①回收玻璃出售收益；②玻璃瓶减少带来的城市废弃物处理费的减少；③玻璃瓶等的不合格处理物减少带来的设施维护管理费的减少。

回收玻璃出售收益＝回收玻璃量 × 不同颜色玻璃的构成比例 × 不同颜色玻璃的单价（表 7.4）。

表7.4　回收玻璃瓶的构成比例和收购价格

种类	构成比例/%	收购价格/（元/t）
无色	48	500
褐色	31	400
绿色	21	350

资料来源：收购价格来自对华兴玻璃访问调查的结果，玻璃瓶的比例来自实验的实际数据

玻璃瓶减少带来的城市废弃物处理费的减少：78元/t（焚烧设施的处理

及灰的处理的相关经费）。

玻璃瓶等的不合格处理物减少带来的设施维护管理费的减少。

玻璃瓶等的不合格处理物减少带来的设施维护管理费的减少：相当于处理费的10%。

（5）结果。用于分析的参数包括以下三项。①初期投资：社区合作费。②玻璃瓶的回收率：作为试点项目的成果，回收率达到29%。③废弃物处理费：嘉兴市提供的处理费为焚烧处理产生的处理费78元。

我们使用以上参数，对以下20个案例进行了分析（表7.5）。

表7.5 成本效益分析参数和组合案例

案例	初期投资	回收率/%	处理费/（元/t）
1-1	有	29	78
1-2	有	29	100
1-3	有	29	200
1-4	有	29	400
2-1	无	29	78
2-2	无	29	100
2-3	无	29	200
2-4	无	29	400
3-1	无	40	78
3-2	无	50	78
3-3	无	60	78
3-4	无	70	78
4-1	无	40	200
4-2	无	50	200
4-3	无	60	200
4-4	无	70	200
5-1	无	40	300
5-2	无	50	300
5-3	无	60	300
5-4	无	70	300

根据试点项目的结果，在支付社区合作费且回收率设为29%的情况下，即使增加处理费，满10年时仍不能收回初期投资（案例1-1～1-4）。在不支付社区合作费的案例中，也是相同的结果（案例2-1～2-4）。

在不支付社区合作费、废弃物处理费设为78元的条件下，即使增加玻璃瓶的回收率，满10年时同样不能收回初期投资，但收支大有改善（案例3-1～3-4）。

而在不支付社区合作费、废弃物处理费设为200元的条件下，如果增加玻璃瓶的回收量，则玻璃瓶回收率为70%时在第9年能够收回初期投资（案例4-4）。如果废弃物处理费设为300元，那么玻璃回收率为60%时也能在第9年收回初期投资（案例5-3），回收率为70%时可在第7年收回初期投资（案例5-4），具体如表7.6所示。

表7.6 成本效益评估

	第1年	第2年	第3年	第4年	第5年	第6年	第7年	第8年	第9年	第10年
案例1-1：有初期投资；废弃物处理费：78元；玻璃瓶回收率29%										
成本/回收玻璃瓶（元/t）	8635	797	765	734	705	215	207	199	191	183
效益/回收玻璃瓶（元/t）	523	502	482	463	444	427	410	393	377	362
收支/回收玻璃瓶（元/t）	−8112	−295	−283	−272	−261	211	203	195	187	179
累计收支/回收玻璃瓶（元/t）	−8112	−4203	−2897	−2240	−1844	−1502	−1258	−1077	−936	−825
案例1-2：有初期投资；废弃物处理费：100元；玻璃瓶回收率29%										
成本/回收玻璃瓶（元/t）	8635	797	765	734	705	215	207	199	191	183
效益/回收玻璃瓶（元/t）	547	525	504	484	465	446	428	411	395	379
收支/回收玻璃瓶（元/t）	−8088	−271	−261	−250	−240	231	222	213	204	196
累计收支/回收玻璃瓶（元/t）	−8088	−4180	−2873	−2218	−1822	−1480	−1237	−1056	−916	−805
案例1-3：有初期投资；废弃物处理费：200元；玻璃瓶回收率29%										
成本/回收玻璃瓶（元/t）	8635	797	765	734	705	215	207	199	191	183
效益/回收玻璃瓶（元/t）	657	631	606	582	558	536	515	494	474	455
收支/回收玻璃瓶（元/t）	−7978	−166	−159	−153	−147	321	308	295	284	272
累计收支/回收玻璃瓶（元/t）	−7978	−4072	−2768	−2114	−1721	−1380	−1139	−960	−822	−712
案例1-4：有初期投资；废弃物处理费：300元；玻璃瓶回收率29%										
成本/回收玻璃瓶（元/t）	8635	797	765	734	705	215	207	199	191	183
效益/回收玻璃瓶（元/t）	767	737	707	679	652	626	601	577	554	531
收支/回收玻璃瓶（元/t）	−7868	−60	−58	−56	−53	410	394	378	363	348
累计收支/回收玻璃瓶（元/t）	−7868	−3964	−2662	−2011	−1619	−1281	−1042	−864	−728	−620

续表

案例2-1：无初期投资；废弃物处理费：78元；玻璃瓶回收率29%	第1年	第2年	第3年	第4年	第5年	第6年	第7年	第8年	第9年	第10年
成本/回收玻璃瓶（元/t）	6500	797	765	734	705	215	207	199	191	183
效益/回收玻璃瓶（元/t）	523	502	482	463	444	427	410	393	377	362
收支/回收玻璃瓶（元/t）	−5977	−295	−283	−272	−261	211	203	195	187	179
累计收支/回收玻璃瓶（元/t）	−5977	−3136	−2185	−1707	−1417	−1146	−953	−810	−699	−611

案例2-2：无初期投资；废弃物处理费：100元；玻璃瓶回收率29%	第1年	第2年	第3年	第4年	第5年	第6年	第7年	第8年	第9年	第10年
成本/回收玻璃瓶（元/t）	6500	797	765	734	705	215	207	199	191	183
效益/回收玻璃瓶（元/t）	547	525	504	484	465	446	428	411	395	379
收支/回收玻璃瓶（元/t）	−5953	−271	−261	−250	−240	231	222	213	204	196
累计收支/回收玻璃瓶（元/t）	−5953	−3112	−2162	−1684	−1395	−1124	−932	−789	−678	−591

案例2-3：无初期投资；废弃物处理费：200元；玻璃瓶回收率29%	第1年	第2年	第3年	第4年	第5年	第6年	第7年	第8年	第9年	第10年
成本/回收玻璃瓶（元/t）	6500	797	765	734	705	215	207	199	191	183
效益/回收玻璃瓶（元/t）	657	631	606	582	558	536	515	494	474	455
收支/回收玻璃瓶（元/t）	−5843	−166	−159	−153	−147	321	308	295	284	272
累计收支/回收玻璃瓶（元/t）	−5843	−3004	−2056	−1580	−1293	−1024	−834	−693	−584	−499

案例2-4：无初期投资；废弃物处理费：300元；玻璃瓶回收率29%	第1年	第2年	第3年	第4年	第5年	第6年	第7年	第8年	第9年	第10年
成本/回收玻璃瓶（元/t）	6500	797	765	734	705	215	207	199	191	183
效益/回收玻璃瓶（元/t）	767	737	707	679	652	626	601	577	554	531
收支/回收玻璃瓶（元/t）	−5733	−60	−58	−56	−53	410	394	378	363	348
累计收支/回收玻璃瓶（元/t）	−5733	−2896	−1950	−1477	−1192	−925	−737	−597	−491	−407

续表

	第1年	第2年	第3年	第4年	第5年	第6年	第7年	第8年	第9年	第10年
案例3-1：无初期投资；废弃物处理费：78元；玻璃瓶回收率40%										
成本/回收玻璃瓶（元/t）	4754	616	591	568	545	188	181	174	167	160
效益/回收玻璃瓶（元/t）	523	502	482	463	445	427	410	393	378	362
收支/回收玻璃瓶（元/t）	−4231	−113	−109	−104	−100	238	229	220	211	203
累计收支/回收玻璃瓶（元/t）	−4231	−2172	−1484	−1139	−932	−737	−599	−496	−418	−356
案例3-2：无初期投资；废弃物处理费：78元；玻璃瓶回收率50%										
成本/回收玻璃瓶（元/t）	3828	518	497	477	458	172	165	159	152	146
效益/回收玻璃瓶（元/t）	523	502	482	463	444	427	410	393	377	362
收支/回收玻璃瓶（元/t）	−3305	−16	−15	−14	−14	254	244	235	225	216
累计收支/回收玻璃瓶（元/t）	−3305	−1660	−1112	−837	−673	−518	−409	−329	−267	−219
案例3-3：无初期投资；废弃物处理费：78元；玻璃瓶回收率60%										
成本/回收玻璃瓶（元/t）	3215	454	436	418	402	163	156	150	144	138
效益/回收玻璃瓶（元/t）	523	502	482	463	445	427	410	393	378	362
收支/回收玻璃瓶（元/t）	−2691	48	46	45	43	264	254	244	234	224
累计收支/回收玻璃瓶（元/t）	−2691	−1321	−866	−638	−502	−374	−284	−218	−168	−129
案例3-4：无初期投资；废弃物处理费：78元；玻璃瓶回收率70%										
成本/回收玻璃瓶（元/t）	2775	408	392	376	361	156	149	143	138	132
效益/回收玻璃瓶（元/t）	523	502	482	463	444	427	410	393	378	362
收支/回收玻璃瓶（元/t）	−2252	94	90	87	83	271	260	250	240	230
累计收支/回收玻璃瓶（元/t）	−2252	−1079	−689	−495	−379	−271	−195	−140	−97	−65

续表

案例4-1：无初期投资；废弃物处理费：200元；玻璃瓶回收率40%

	第1年	第2年	第3年	第4年	第5年	第6年	第7年	第8年	第9年	第10年
成本/回收玻璃瓶（元/t）	4754	616	591	568	545	188	181	174	167	160
效益/回收玻璃瓶（元/t）	658	631	606	582	559	536	515	494	474	455
收支/回收玻璃瓶（元/t）	-4097	16	15	14	14	348	334	321	308	295
累计收支/回收玻璃瓶（元/t）	-4097	-2040	-1355	-1013	-808	-615	-479	-379	-303	-243

案例4-2：无初期投资；废弃物处理费：200元；玻璃瓶回收率50%

	第1年	第2年	第3年	第4年	第5年	第6年	第7年	第8年	第9年	第10年
成本/回收玻璃瓶（元/t）	3828	518	497	477	458	172	165	159	152	146
效益/回收玻璃瓶（元/t）	657	631	606	582	558	536	515	494	474	455
收支/回收玻璃瓶（元/t）	-3171	113	109	104	100	364	349	335	322	309
累计收支/回收玻璃瓶（元/t）	-3171	-1529	-983	-711	-549	-397	-290	-212	-153	-106

案例4-3：无初期投资；废弃物处理费：200元；玻璃瓶回收率60%

	第1年	第2年	第3年	第4年	第5年	第6年	第7年	第8年	第9年	第10年
成本/回收玻璃瓶（元/t）	3215	454	436	418	402	163	156	150	144	138
效益/回收玻璃瓶（元/t）	658	631	606	582	559	536	515	494	474	455
收支/回收玻璃瓶（元/t）	-2557	177	170	163	157	374	359	344	331	317
累计收支/回收玻璃瓶（元/t）	-2557	-1190	-737	-512	-378	-253	-165	-102	-54	-16

案例4-4：无初期投资；废弃物处理费：200元；玻璃瓶回收率70%

	第1年	第2年	第3年	第4年	第5年	第6年	第7年	第8年	第9年	第10年
成本/回收玻璃瓶（元/t）	2775	408	392	376	361	156	149	143	138	132
效益/回收玻璃瓶（元/t）	658	631	606	582	558	536	515	494		455
收支/回收玻璃瓶（元/t）	-2117	223	214	205	197	381	365	351	337	323
累计收支/回收玻璃瓶（元/t）	-2117	-947	-560	-369	-256	-150	-76	-23	17	48

续表

	第1年	第2年	第3年	第4年	第5年	第6年	第7年	第8年	第9年	第10年
案例5-1：无初期投资；废弃物处理费：300元；玻璃瓶回收率40%										
成本/回收玻璃瓶（元/t）	4754	616	591	568	545	188	181	174	167	160
效益/回收玻璃瓶（元/t）	768	737	708	679	652	626	601	577	554	532
收支/回收玻璃瓶（元/t）	-3986	121	116	112	107	438	420	403	387	372
累计收支/回收玻璃瓶（元/t）	-3986	-1933	-1250	-909	-706	-515	-382	-284	-209	-151
案例5-2：无初期投资；废弃物处理费：300元；玻璃瓶回收率50%										
成本/回收玻璃瓶（元/t）	3828	518	497	477	458	172	165	159	152	146
效益/回收玻璃瓶（元/t）	767	737	707	679	652	626	601	577	554	531
收支/回收玻璃瓶（元/t）	-3061	219	210	202	194	454	435	418	401	385
累计收支/回收玻璃瓶（元/t）	-3061	-1421	-877	-608	-447	-297	-193	-116	-59	-14
案例5-3：无初期投资；废弃物处理费：300元；玻璃瓶回收率60%										
成本/回收玻璃瓶（元/t）	3215	454	436	418	402	163	156	150	144	138
效益/回收玻璃瓶（元/t）	768	737	708	679	652	626	601	577	554	532
收支/回收玻璃瓶（元/t）	-2447	283	272	261	250	463	445	427	410	394
累计收支/回收玻璃瓶（元/t）	-2447	-1082	-631	-408	-276	-153	-68	-6	40	76
案例5-4：无初期投资；废弃物处理费：300元；玻璃瓶回收率70%										
成本/回收玻璃瓶（元/t）	2775	408	392	376	361	156	149	143	138	132
效益/回收玻璃瓶（元/t）	768	737	707	679	652	626	601	577	554	532
收支/回收玻璃瓶（元/t）	-2007	328	315	303	291	470	451	433	416	399
累计收支/回收玻璃瓶（元/t）	-2007	-839	-455	-265	-154	-50	22	73	111	140

5. 小结

社区的物业管理公司和居民委员会在居民宣传教育及分类指导方面可发挥很大的作用。为促进居民参与，应定期开展宣传教育和指导工作，且需要行政部门的积极参与和财政支持。

中转站的作用是将回收的玻璃瓶积存到一定数量再运往玻璃厂，以提高运输效率，并在暂存期间避免已按颜色分类的玻璃瓶混在一起，这一作用对于本体系非常重要。虽然本体系努力对玻璃瓶进行了颜色分类，但有些收购回收玻璃瓶的玻璃厂并不生产某种颜色的玻璃瓶，因此需要组建一种体系，即回收的玻璃瓶先由玻璃批发商收购、去除异物，再根据接收方的要求等卖给玻璃厂。

根据成本效益分析结果，研究发现要建立玻璃瓶回收体系，需要争取社区物业管理公司及居民委员会的无偿协助，在居民宣传教育方面不再产生费用负担（如支付合作费等），并取得居民的协助，使玻璃瓶的回收维持在一定比例以上。

考虑到居民宣传教育的重要性及宣传教育需要大量经费，在引进本体系时，以市政府为主导，相关主体发挥作用，并各自承担合理的经费，这一点非常重要。

7.2.3 纸制复合容器的循环利用

1. 纸制复合容器循环利用的现状

中国纸制复合容器的循环利用还不太为人们所知。目前，容器包装制造商利乐公司正在与地方政府、回收及再资源化企业合作开展回收及循环利用业务。该合作活动的回收量已达到13.5万 t（2013年），对纸制复合容器出货总量的约25%进行了回收及再资源化（正在开展回收的上海及北京等大城市，回收和再生利用率还要高）（图7.12）。

2. 关于纸制复合容器企业的情况

纸制复合容器企业有各种商业模式，包括只生产纸制容器的企业、除纸制容器外还生产灌装机的企业等。不过，其收益基本来自纸制容器的销售。

中国的纸制复合容器2013年的生产总量约为53万 t；中国市场有60%~70%为利乐公司占据，三大公司（利乐、SIG、GA）所占份额约达80%。

容器内容物具体为牛奶约占30%、乳饮料占20%、乳酸饮料占16%。

纸制复合容器2013年的再生利用量为13.5万 t，相当于纸制复合容器年产量的约25%。

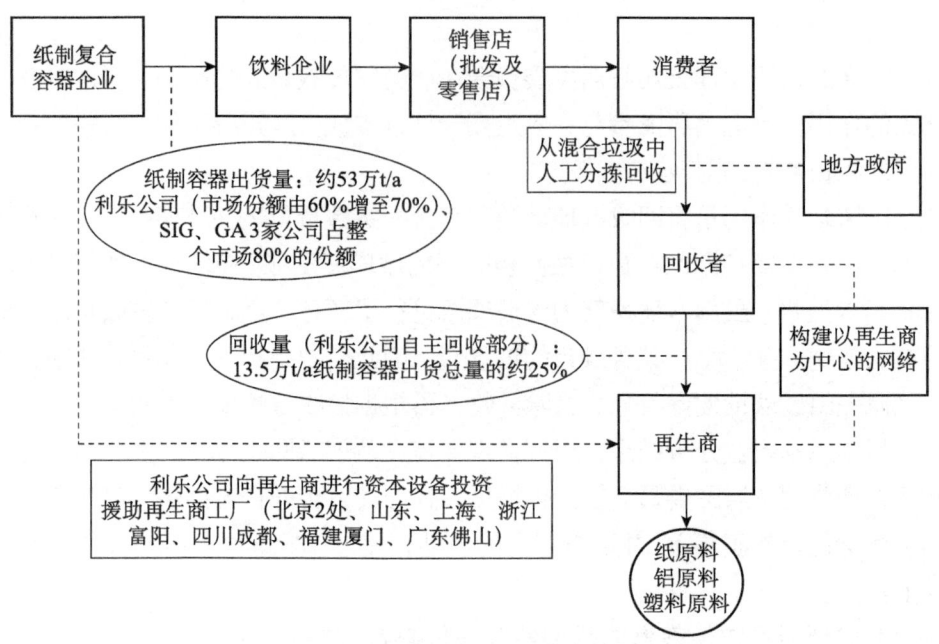

图 7.12 中国纸制复合容器循环利用的现状

3. 利乐公司对再生商的援助方法

利乐公司以项目总成本的 50% 为上限开展援助,根据以报废纸制容器回收量为标准的计算方程式提供设施补贴。此外,在设施运营援助方面,提供工厂废弃物作为原料(工厂损纸援助项目根据基于年回收量和工厂损纸量比例的计算公式,提供退款)。为上海、北京、浙江富阳等 8 处(还有 1 处将于近期运营)再生利用工厂提供援助。

此外,向上海的 50 个城市垃圾中转基地赠送压捆机,由再生商收购所回收的报废纸制复合包装,从而提高再生利用率。

4. 纸制复合容器的回收情况

关于纸制复合容器的回收,不进行上门回收,主要有三种回收途径:①社区或中转站进行二次分类;②从大规模二次分类设施回收;③在填埋处置场回收。

1)从中转站回收(上海市黄浦区)

二次分类:中转站汇集社区(1000 户)排放的垃圾,进行压缩和转运;社区将垃圾排放到带脚轮的分类垃圾箱;一次分类按厨余垃圾、可回收垃圾、玻璃垃圾、布垃圾、有害垃圾和其他垃圾共 6 种进行分类,但基本上没有人遵守,由中转站进行二次分类。

分拣出纸制复合容器、玻璃瓶、塑料等,纸制复合容器用利乐公司无偿提供的压捆机压捆后卖出。

民营企业的中转站运营形态:以投标的方式0元投得中转站业务权利,运营费来自出售资源物所得,其他垃圾经压缩后运往市处理场(图7.13~图7.18)。

图7.13　中转站的外观

图7.14　分类排放的说明(六大类)

图7.15　回收的牛奶盒

图7.16　利乐公司无偿提供的压捆机

图7.17　分类后的玻璃瓶堆积如山

图7.18　分类后的纸箱

中转站回收的特征如下：

（1）由于在接近排放源的阶段进行二次分类，报废纸制复合容器的状态非常整洁。

（2）拣选出的资源物越多，中转站获利就越多，起到激励作用，因此得到分类的资源物数量较大。数量多了以后，低价值资源物的排放量也将达到值得回收的规模，报废纸制容器及玻璃瓶等低价值资源物得到拣选。

2）从大规模二次分类处理设施回收（上海市闵行区）

设施概要：运入尚未分类的垃圾，通过机械分成过筛垃圾、较重垃圾、较轻垃圾三类。设备能力为100t/d，计划到2015年提高至2000t/d；过筛垃圾多为厨余垃圾，用以堆肥；较重垃圾分为玻璃瓶和纸制复合容器；较轻垃圾可分为纸和塑料，约占25%，加工成垃圾衍生燃料（RDF）后以260元/t的价格卖出；纸制复合容器约占1.5%，人工进行拣选。

政府补贴：签订减量30%的合同，每减少1t获得150元的减量补贴。设施用地无偿使用市政府的土地。

问题：由于以排放时未分类的垃圾为对象，已分拣的资源物受到污染，品质较差；此外，可能由于机械分拣不到位的缘故，各类资源物中发现大量混入物（图7.19～图7.24）。虽然使用了大量机械和人工，但却只生产低价格的RDF，作为业务能否获得收益令人怀疑。

5. 纸制复合容器的循环利用情况

与其他再生资源物的循环利用设施不同，纸制复合容器的循环利用设施在中国全国范围内也只有10家左右。

图7.19　垃圾二次分类设施的外观　　　　图7.20　人工分拣流水线

图 7.21 处理前的其他垃圾

图 7.22 生产的 RDF

图 7.23 分类处理后的 RDF 原料

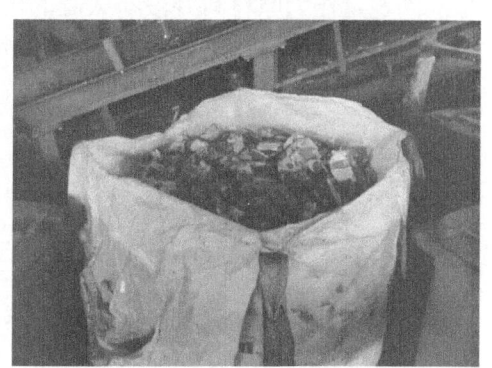

图 7.24 分类后的纸制复合容器

1) 纸制复合容器的循环利用设施

纸制复合容器的循环利用设施位于北京、上海、杭州、成都、广州等地，总计年处理能力约 16 万 t。再生利用方法有两种：主流方法是再生纸制造（生成纸浆、塑料粒料、铝粉），还有一种方法是破碎成小颗粒后加热，用模具挤压成筒状或板状。

报废纸制复合容器的收购价格平均为 1200～1400 元/t。

牛皮纸制造的收支概算如表 7.7 所示。

表7.7 使用报废纸制复合容器制造再生纸的收支 （单位：元/t）

支出		收入	
原材料（报废纸制复合容器的收购费用）	1 400	牛皮纸（4 000）	2 295
纸浆化工序	263	塑料（4 000）	612
造纸工序	573	铝粉（10 000）	340
层压分离工序	150		
共计	2 386	共计	3 247

2）纸塑铝复合材料的生产设施（上海市）

将纸、塑料、铝直接破碎，放入挤出机，生产板状、筒状等产品。年处理能力为 2 万 t。

利乐公司为挤出机提供一部分补贴。

原材料的采购途径为向所委托的社区保洁员购买。社区除纸制复合容器外，还拣选其他多种资源物，提高收益。此外，还向工厂购买边角料。向社区收购的价格约为 1000 元 /t。

最终产品为设置在公共设施的垃圾箱等，政府是主要客户，因产品利于环保的特点受到客户好评而进行采购。

问题是作为原材料并没有太高的市场价值，如果不能找到公共垃圾箱之外的高附加价值产品，将难以在市场上有进一步发展（图 7.25～图 7.30）。

图 7.25 作为原材料的报废纸制复合容器

图 7.26 粉碎后的报废纸制复合容器（纸塑铝复合材料）

图 7.27 从挤压机中出来的纸塑铝复合材料 1

图 7.28 从挤压机中出来的纸塑铝复合材料 2

图7.29　用纸塑铝复合材料制造的垃圾箱箱体

图7.30　用纸塑铝复合材料制造的垃圾箱（最终产品）

3）牛皮纸的生产设施（富阳市）

2004年起，富阳市与利乐公司开始合作，从事纸制复合容器的再生利用。

用水将纸制复合容器回浆，生产牛皮纸，剩下的塑料和铝分离出来，生产再生塑料粒料和铝（粉末）。2012年纸制复合容器的回收量为40 000t/a，牛皮纸产量为80t/d（约25 000t/a），再生塑料为5000t/a，铝（粉末）为400t/a。

垃圾中回收的纸制复合容器的收购价格为1000元/t，在工厂的收购价格为1800元＋300元（17%的增值税）（图7.31～图7.38）。

图7.31　作为原料运入的报废纸制复合容器

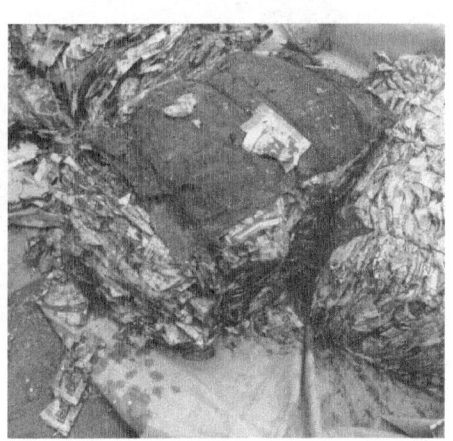

图7.32　作为原料的报废纸制复合容器

图 7.33　将塑料、铝与纸分离

图 7.34　纸原料工序

图 7.35　利用再生原料生产的牛皮纸

图 7.36　造纸过程中产生的废水的处理设施

图 7.37　再生塑料粒料

图 7.38　分离后的铝（粉状）

7.3 实施包装废弃物EPR制度的探索

7.3.1 包装废弃物实施EPR制度的立法保障

1. 立法原则

1）减量化、资源化和无害化原则

减量化就是通过适宜的手段减少包装废弃物的种类、数量、体积和重量，从源头上直接减少或减轻包装废弃物对环境的危害和对资源的消耗。减量化是资源化和无害化的基础。资源化就是采用适当的手段尽可能回收和利用包装废弃物中的有用部分，化害为利、变废为宝，既消除其对环境的污染，又实现物尽其用。无害化就是对无法回收利用，尤其是含有有害成分的包装废弃物，必须采取合适手段进行无害化处理处置，避免造成对环境和人体的损害。

2）全过程管理原则

全过程管理就是对包装废弃物的整个生命周期，从包装原料采集、材料加工、包装设计、包装制造、包装使用，以及包装废弃物产生、收集、运输、利用、处理处置的全过程和各个环节都实施控制管理。《清洁生产促进法》第二十条就明确规定，包装物的设计，应当考虑其在生命周期中对人类健康和环境的影响，优先选择无毒、无害、易于降解或者便于回收利用的方案。企业应当对产品进行合理包装，减少包装材料的过度使用和包装性废物的产生。《清洁生产促进法》第二十七条规定，生产、销售被列入强制回收目录的包装物的企业，必须在包装物使用后对该包装物进行回收。《循环经济促进法》也进行了类似规定。这些都体现了全过程管理的思想。

3）污染者负担原则

污染者负担，就是通常所说的"谁污染谁治理"，是指污染环境造成的损失及治理污染的费用或者责任应当由污染者承担，而不转嫁给国家和社会。《固体废物污染环境防治法》第五条明确规定，国家对固体废物污染环境防治实行污染者依法负责的原则。包装废弃物属于固体废物的重要组成部分，污染者负担是应有之义。

4）环境效益与经济效益相统一原则

包装废弃物的回收处理是一项长期的复杂工程，涉及众多利益主体。做好包装废弃物的强制回收：一方面需要生产企业、社会公众和回收者的环境意识觉醒，自觉践行环保包装和资源循环理念；另一方面更需要建立利益疏导机制，出台相应的经济刺激政策，包括包装废弃物回收处理的税收优惠政策、财政补贴政策、价格倾向政策、采购倾向政策、金融倾向政策等全方位的支撑，让包装废弃物的回收处理成为一项既有经济效益，又有环境效益的活动，激发全社会的积极性和主动性。

2. 制度建构

1）EPR 制度

EPR 制度指生产者应承担的责任，不仅在产品的生产过程之中，而且还要延伸到产品的整个生命周期，特别是废弃后的回收和处置。1991年，德国率先在《包装物法令》中引入 EPR 概念，确立了包装物 EPR 制度。中国《循环经济促进法》第十五条对生产者责任的规定是："生产列入强制回收名录的产品或者包装物的企业，必须对废弃的产品或者包装物负责回收；对其中可以利用的，由各该企业负责利用；对因不具备技术经济条件而不适合利用的，由各该生产企业负责无害化处置。对前款规定的废弃产品或者包装物，生产者委托销售者或者其他组织进行回收的，或者委托废物利用或者处置企业进行利用或者处置的，受托方应当依照有关法律、行政法规的规定和合同的约定负责回收或者利用、处置。对列入强制回收名录的产品和包装物，消费者应当将废弃的产品或者包装物交给生产者或者其委托回收的销售者或者其他组织。强制回收的产品和包装物的名录及管理办法，由国务院循环经济发展综合管理部门规定。"此外，《清洁生产促进法》第二十七条、《固体废物污染环境防治法》第八条对生产、销售、进口被列入强制回收名录的产品和包装的企业也作出了类似上述的强制性规定。

基于 EPR 制度，包装废弃物强制回收立法中应明确，生产者在包装废弃物回收处理中承担主要责任，包括：①负责产品的回收与利用。按照中国法律规定，生产列入强制回收的产品或者包装物的企业，必须对废弃的产品或包装物负责回收，对其中可以利用的，由生产企业负责利用。生产者也可以委托销售或者其他组织进行回收，具体操作途径由生产者与受托方协商。②信息责任。生产者有义务在其产品说明书或产品包装上说明商品的材质及回收途径等事项。③分担废弃产品的回收处理费用。具体的承担费用可由回收企业处理单位包装废弃物的成本、处理速度、生产者的年生产量等因素决定，按比例在生产者和回收者之间进行分配。

2）包装废弃物强制回收目录制度

《清洁生产促进法》第二十七条规定："生产、销售被列入强制回收目录的产品和包装物的企业，必须在产品报废和包装物使用后对该产品和包装物进行回收。强制回收产品和包装物目录由国家经济贸易主管部门制定。"《循环经济促进法》第十五条也规定："生产列入强制回收名录的产品或者包装物的企业，必须对废弃的产品或者包装物负责回收；对其中可以利用的，由各该生产企业负责利用；对因不具备技术经济条件而不适合利用的，由各该生产企业负责无害化处置。……强制回收的产品和包装物的名录及管理办法，由国务院循环经济发展综合管理部门规定。"包装废弃物强制回收目录是包装废弃物回收的最基础制度支撑，是包装废弃物回收立法保障的最核心内容。

目前，国内还没有制定和发布强制回收的包装物目录，但国家发改委已经开展了相关的研究。制定与实施强制性回收的包装物目录，其意义主要有以下几个方面：①防止有毒有害物质污染环境，并影响人体健康；②通过回收和综合利用，减少原材料的消耗，从而实现资源的可持续利用；③提高资源再利用率，达到降低成本、提高经济效益的目的，从而实现经济效益、社会效益和环境效益的统一。

3）多元化回收制度

多元化的回收渠道需要满足三个特点：多渠道、社会化和当地化。多渠道可使包装废弃物回收辐射面广，便于回收操作；社会化有利于聚集社会公众的力量，让社会各界人士共同行动起来，实现包装废弃物的秩序回收；当地化则意味着减少流通费用，降低运输成本，且契合当地实际。

中国现行包装废弃物回收体系依然处于摸索阶段，比较零散，没有形成完整的回收系统。目前，回收渠道主要包括个体回收户回收、废品回收、公司回收和环卫部门回收，并且个体回收户回收占主导地位，其流向难以监管，利用率低，二次污染严重。建立多元化的回收渠道，就要求对现行回收渠道进行正规化整合与扩展。一方面是对中国个体回收户回收渠道的规范化疏导，这是中国包装废弃物回收体系完善的关键。在这个方面，浙江永康市再生资源回收体系建设为民间回收体系改造提供了有益的经验。为此，笔者建议，关于民间回收渠道的改造，应该结合中国的国情，以改编为原则，建成"个体回收户（企业）+回收基地"的回收渠道，对目前走街串巷的个体回收大军进行引导和规范，设立"七统一、一规范"，即统一规划、统一标识、统一着装、统一价格、统一衡器、统一车辆、统一管理、经营规范。回收站点收购包装废弃物的统一到"回收基地"进行交易、分类、加工。通过"个体回收户（企业）+回收基地"这种做法把中国"百万农民废品收购大军"改造成"正规军"。

另一方面是广泛利用社会力量,开拓新的正规化回收渠道。根据具体情况,可采取以下不同办法回收:门市回收(即包装回收企业或包装生产企业设立回收门市部进行回收)、上门回收(即包装回收企业定时定点到各回交单位进行回收)、流动回收(即包装回收企业不定期到各个地段进行回收)、委托回收(即包装回收企业委托其他单位或个人进行代收)、柜台回收(即零售,批发商场(店)在出售商品时折价向顾客回收)、对口回收(大宗专用包装由进货单位或用户直接把包装回交给经营单位或生产厂家)、周转回收(即各生产厂家、商品经营部门内部使用的包装周转箱(桶),采取一定的制度或经济手段组织定向周转回收)、定点回收(即在城镇居民区、街道、工厂、学校、机关、部队、医院、群众团体、写字楼、公园、剧院、车站、码头等公共场所设置不同型号、不同类别的"生态箱""生态桶"或"生态袋",由专门的回收单位负责按纸、木、金属容器、玻璃、塑料分类进行定时、定点、定专人回收)、押金回收(凡应回收的包装资源,各商品经营单位在出售商品时,可采用收取押金的方式,保障如数回收)等。

当然,中国地域广阔,各区域之间经济、社会发展水平差异较大,特别是存在城乡差别、地区差别、贫富差别等"三大差别",这就决定我们在不同地区建设包装废弃物回收体系时,应根据具体的区情,有差别、有步骤地进行。

4)押金制度

所谓押金制度,是指按照规定向购买具有潜在污染性产品的人收取一定的附加费用,当他们把潜在污染物送回回收系统时即退还所收附加费的制度。押金制度创立了一种经济激励:收取了押金的包装废弃物本身具有了价值,使消费者能够自觉地将包装废弃物交回正规回收渠道,避免包装废弃物流入非正规处理渠道造成环境污染等问题。押金制度实质上是一种将外部不经济性内部化的经济激励手段,通过这种手段,既对有损环境的行为征收了费用,又对有益环境的行为提供了收益,从而减少了包装废弃物对环境的污染。

目前,国外的押金制度运用多见于瓶罐包装,外包装材料具有区域性生产、消费的特征,地区封闭性强,在中国也一度得到实施。后因外包装的原材料成本下降,回收材料的运输和储存成本提高,使得押金制度在中国外包装材料的应用走向没落。

5)绿色标志制度

绿色标志(亦称绿色产品标志),它是由政府管理部门或民间团体按照严格的程序和环境标准方法授予厂商的权利,将此标志附印于产品及包装上,以向消费者表明,该产品从研制、开发、使用直至回收利用的整个过程均符合生态及环境保护要求,对人类健康和生态环境均无损害。绿色标志是绿色包装的符号表达。环保包装是指对生态环境和人体健康无害、无环境污染,能循环使用和再生利用,能节约能源及资源,促进可持续发展的包装。近年来,西方发达国家对环保包装日益重视,环保包装成为绿色贸易壁垒的重要手段,进口国以中国印包出口产品会对进口国环境和人体健康产生不利影响为由,对中国印包产品采取征收附加税收或限制进口措施。在包装废弃物强制回收立法中建立和完善绿色标志制度,能引导消费者购买有绿色标志的环境友好型的产品,从而促使企业生产环境友好型的产品,减少危害环境的废弃物的产生量,进而保护环境,同时亦能促进中国外贸企业有效应对环保包装壁垒。

6) 信息统计制度

包装废物回收和再生利用是一个庞大的社会体系,目前一个部门难以获得包装物生产和废物产生的统计信息,应该鼓励各行业协会建立和完善数据库,尽可能将大、中、小规模的企业信息纳入统计范围。例如,要将纸包装生产量、消费量、回收量、废物利用量搞清楚,就必须要将纸包装从纸产品中分离出来,以及将纸包装废物从废纸中分离出来,就需要一个一个地进行统计,行业协会或统计单位需要建立有效的统计方法,改变目前笼统的指标统计做法。

7) 财税刺激制度

包装废弃物回收事关环境公益,政府政策支持责无旁贷,其中财税刺激政策是理想的政策手段,它可以很好地利用市场的力量,包括利用市场本身所具有的有效配置资源的效能。政府的财税刺激政策主要包括税收优惠政策(国家对环保包装、环保包装产品和包装废弃物回收利用产业给予税收优惠,并运用税收等措施鼓励进口相关的先进技术、设备)、投资倾向政策(国家在制订和实施投资计划时,应当将包装废弃物回收利用项目列为重点投资领域)、金融支持政策(对符合国家产业政策的包装废弃物回收利用项目,金融机构应当给予优先贷款等信贷支持,并积极提供配套金融服务;对生产、进口、销售或者使用列入淘汰名录的技术、工艺、设备、材料或者产品的企业,金融机构不得提供任何形式的授信支持)、价格倾向政策(国家实行有利于环保包装和包装废弃物回收利用的价格政策,引导社会公众合理选择环保包装产品,并积极投入到包装废弃物回收利用活动中)、垃圾收费政策(国家可以根据不同行政区域经济社会发展状况,实行垃圾排放收费制度;收取的费用专项用于垃圾分类、收集、运输、储存、利用和处置,不得挪作他用)、政府采购倾向政策

（国家实行有利于循环经济发展的政府采购政策；使用财政性资金进行采购的，应当优先采购有利于保护环境的产品及再生产品，其中包括环保包装产品）。

7.3.2 包装废弃物实施EPR制度的组织保障

政府需要建立一个行政管理和市场手段有效结合的综合管理政策体系，政府机构、市场组织和社会组织形成伙伴关系，相互沟通合作，利用综合的政策手段提高政策的有效性和效率。

1. 政府部门间协作机制

包装废弃物EPR涉及资源循环利用和环境保护，具有显著的正外部性，政府负有不可推卸的责任。同时，包装废弃物实施EPR制度需要对现行利益格局进行深度调整，属于强制性制度变迁范畴，仅仅依靠市场机制，难以顺利推行，因此，政府必须起主导作用。其中涉及多个政府部门，建议各个相关部门建立专门的机构致力于这项工作，并由部门高层领导担任第一负责人。由中央政府机构（如国家发改委或商务部）牵头负责，在现有部门间形成联合执法和监控网络，建立工作协调机制，进一步加强政府部门之间（包括中央和省一级）有关政策和信息的协调一致性。

2. 转变政府管理部门角色

加强政府能力建设，明确政府角色和提高治理水平，必须更明确地界定和分配不同机构的职责。政府需要认识到，政府的角色不是执行者而是推动者和监督者，其主要作用是制定规则、建立奖励机制和提供监督。政府需要将其角色从直接干预生产过程转变为为更广泛的经济活动搭设舞台。政府最重要的角色是变革的促进者，制定适当的目标和激励措施，强制实施包装废弃物循环利用的要求，而不是直接实施的主角和投资者。

3. 强化政府责任

落实监管责任主体，建立起一种追究政府管理部门的责任机制。包装废弃物的循环利用是一项投资多、见效慢的项目，特别是经济不发达地区，地方政府迫于经济压力不会下大力气治理污染。因此，要采取中央和地方合作的方式，在给予一定政策和资金扶持的条件下，将环境保护的相关内容纳入干部考核体系，同时整合监管力量，强化监管力度，使政府管理部门不仅要有权力，还要有责任。

4. 加强包装废弃物回收行业协会的作用

在起草相关法律法规时，明确行业协会在促进包装废弃物循环利用中的作用和地位。拓展行业协会职能，加强行业协会自身建设。行业协会要充分发挥联系政府和企业的桥梁及纽带作用。各级人民政府及其部门要进一步转变职能，把适宜于行业协会行使的职能委托或转移给行业协会。共同推动包装废弃物循环利用行业规范、健康发展。

5. 完善社区治理机制

包装废弃物资源化工作缺少市民的广泛积极参的主要原因是：和发达国家的城市相比，中国的城市缺乏一种健康的社会自治和动员机制。长期以来，大多数城市的社会动员机制基本上是从上而下的行政推动，社会缺少自我能动性，社会的自我管理和组织能力较差，导致市民认知和参与性不高。

居民委员会和非政府组织是推动社区自治的主要力量。政府应重点培育社区自治机制和社会环保非政府组织，增强社区居民的自律管理能力，增强社区居民的环保意识，提高社区居民的参与度，推动社区废弃物源头分类水平的提高，降低政府管理成本和难度。

建议政府建立城市废弃物资源化专项教育资金，充分利用中国循环经济教育示范基地，为市民接受环境教育提供资金和场所。市民对包装废弃物处置的标准和规定等认识的提高，能有效促进城市典型生活废弃物的源头分类，更好地监督和协助政府做好环境管理和法规实施方面的工作。

参考文献

[1] 中国包装联合会、中国包装工业总产值超1万亿 [EB/OL]. http://www.ppzhan.com/news/Detail/17502.html[2010-06-23].

[2] 朱慧，李希昆，梁文婷，等. 我国循环经济下包装废弃物管理的法律建议 [A].2005年中国法学会环境资源法学研究会年会论文集，2005.

[3] 胡志鹏. 我国纸包装工业发展现状及促进措施 [J]. 印刷工业，2008，1:35-37.

[4] 金雅宁，周炳炎，丁明玉，等. 我国包装废物产生及回收现状分析 [J]. 环境科学研究，2008,21（6）：90-94.

[5] 中国包装技术协会. 中国包装年鉴1981—2014[M]. 北京：中国物资出版社，1982—2015.

[6] 刘寿生. 纸包装占我国包装产值三分之一 [EB/OL]. http://www.keyin.cn/news/shichang

zhengce/201105/31-506009.shtml[2011-05-31].

[7] 徐美君. 废玻璃的回收与利用[EB/OL]. http://www.360doc.com/content/13/0626/09/4606022_295583259.shtml[2009-12-02].

[8] 浙江省长三角循环经济技术研究院. 2011年垃圾数量及品质调查结果[R]. 中日合作城市典型废弃物循环利用体系建设及示范试点项目,2011.

[9] 国家统计局. 嘉兴统计年鉴[M]. 北京:中国统计出版社,2010.

第 8 章
中国电器电子产品 EPR 试点

8.1 试点背景

中国既是电器电子产品的生产大国和消费大国，同时也是电器电子产品废弃量最大的国家。目前，我国手机、计算机、彩电等主要电子产品年产量超过 20 亿台，每年主要电器电子产品报废量超过 2 亿台，重量超过 500 万 t，已成为世界第一大电器电子产品生产和废弃大国。废弃电器电子产品兼具资源性与环境性。废弃电器电子产品中含有的有害物质，如回收处理不规范，将对生态环境和人体健康造成严重威胁和伤害。同时，废弃电器电子产品中含有大量的铁、铜、铝、塑料及稀贵金属等再生资源，对其进行规范回收处理和资源化利用，可有效解决我国资源与环境的瓶颈问题。2011 年，我国《废弃电器电子产品回收处理管理条例》实施，该条例建立了目录制度、基金制度，以及处理企业许可等制度，并规定纳入目录的电器电子产品的生产者和进口者缴纳处理基金，补贴获得资质的处理企业。基金制度体现了我国 EPR 制度的重要内容。随着该条例的深入实施，我国废弃电器电子产品回收处理行业得到了快速发展，但基金制度对电器电子产品实施效果的不同差异也突显出来。2014 年，我国废电视机回收处理的政策拉动效果明显，约占处理产品的 90%，而废房间空调器的处理数量则不到 1%。

2015 年 2 月 9 日，国家发改委与环保部、工信部、财政部、海关总署和国家税务总局发布了《废弃电器电子产品处理目录名单 2014 年版》。目录产品从 5 种（"四机一脑"）增加到 14 种，增加了手机、固定电话、打印机、复印机等。随着越来越多不同种类、不同特点的电器电子产品纳入该条例管理，现有的单一模式的 EPR 制度急需完善和扩展。

EPR 制度是国际上普遍采用的废弃电器电子产品回收处理管理制度，不同国家 EPR 制度的实施内容和方式不同，发达国家的 EPR 制度中强调生产者和进口者承担回收处理的行为责任与信息披露责任。目前，我国的 EPR 制度仅仅强调生产者的经济责任，但生产者履行了其经济责任并不意味着其废弃电器电子产品得到了规范的回收处理。为了探索和完善我国电器电子产品 EPR 制度，使不同种类的废弃电器电子产品都能得到规范的回收处理，2014 年工信部节能与综合利用司开展了"工业领域 EPR 制度试点实施方案及政策研究"，在广泛调研和征求专家意见的基础上，研究制定了《电器电子产品 EPR 试点方案》。

2015 年 6 月 29 日，工信部与财政部、商务部、科技部联合下发的《关于组织开展电器电子产品 EPR 试点工作的通知》（工信部联节函〔2015〕301 号），请各地主管部门按照《电器电子产品 EPR 试点方案》要求，组织提出试点单位推荐名单，将推荐名单和申报材料报工信部节能与综合利用司。

8.2 试点工作方案

8.2.1 开展试点的重要意义

EPR 制度的核心是通过引导产品生产者承担产品废弃后的回收和资源化利用责任，激励生产者推行产品源头控制、绿色生产，从而在产品全生命周期中最大限度地提升资源利用效率，减少污染物产生和排放。开展电器电子产品生产者 EPR 试点对提升生产者的社会责任意识，提供更多生态产品，促进生态文明建设具有重要意义。

发达国家通过实行 EPR 制度，对推动废弃电器电子产品回收和资源化利用发挥了重要作用。中国已对电子信息产品实施有害物质含量控制制度，并建立了由生产者缴纳的废弃电器电子产品处理基金；开展电器电子产品 EPR 试点工作，是实施废弃电器电子产品处理基金管理制度的重要配套措施，是完善 EPR 制度的重要基础。选择基础较好、具有一定影响力和示范作用的生产企业开展 EPR 试点，积极引导企业开展有害物质替代与减量化、可拆解与可再制造设计、废旧产品回收拆解、资源化利用等关键技术创新，探索大数据、物联网、云计算等新技术在产品全生命周期管理中的应用，有利于新业态和新商业模式发展，对推动再生资源产业发展，促进电器电子产业绿色转型具有重要作用。

8.2.2 总体要求

1. 基本思路

以党的十八大、十八届三中和四中全会精神为指导，全面贯彻落实生态文明建设要求，以电器电子产品生产者为主体，以废旧产品回收和资源化利用为重点，按照产品全生命周期管理理念，探索适合不同电器电子产品特点的 EPR 制度实施方式，完善相关标准规范体系，为建立完善 EPR 制度奠定基础。本次试点工作的总体思路是以电器电子产品生产者为主体，以废旧产品回收和资源化利用为重点，按照产品全生命周期管理理念，探索适合不同电器电子产品特点的 EPR 制度实施方式，完善相关标准规范体系为建立完善 EPR 制度奠定基础。

2. 主要原则

（1）坚持生产者为主体。生产者在电器电子产品设计、生产、回收、资源化利用等环节具有主导作用。围绕行业基础较好、代表性强和示范作用大的重点产品开展试点，通过树立行业标杆企业，引导行业企业建立产品全生命周期 EPR 管理体系，提高资源回收利用效率，减少环境污染。

（2）坚持技术创新为支撑。推动资源化利用先进适用技术及大数据、物联网、云计算等信息技术在 EPR 实践中的应用。构建产品全生命周期资源环境数据库，采用产品回收电子标签、物联网等技术手段建立回收利用信息平台，为 EPR 试点提供技术支撑。

（3）坚持模式创新为方向。积极探索直接回收、联合回收、委托第三方回收等多种 EPR 实施方式，支持生产企业直接主导或与专业从事废旧电器电子产品回收利用的企业或机构合作开展回收、处理与再利用，鼓励行业组织参与运营，引入第三方机构参与服务，推动生产企业逆向物流体系建设，实现经济效益、环境效益和社会效益最大化。

（4）坚持政策引导为保障。充分发挥政府引导作用，注重运用产业政策、标准、基金等多种政策工具，落实好相关税收政策，发挥政策合力，推动建立以生产企业为市场配置资源主体的机制，营造良好的市场环境。

3. 主要目标

通过三年试点，树立一批 EPR 标杆企业，培育一批包括行业组织在内的第三方机构，扶持若干技术、检测认证及信息服务等支撑机构，形成适合不同电器电子产品特点的 EPR 模式。在总结试点经验的基础上，探索建立电器电子产品 EPR 综合管理体系、技术支撑体系和服务评价体系。

8.2.3 试点内容

1. 建立回收体系

探索生产者自行依托销售渠道、维修网点等逆向物流优势，建立废旧电器电子产品回收体系或委托第三方机构对其产品进行回收。鼓励第三方机构联合生产者建立废旧电器电子产品分类回收体系，推动各类产品集中回收，提高回收效率。推动大数据、物联网和云计算技术在废旧电器电子产品回收体系中的应用，建立回收过程可测量、可报告、可核查的信息管理系统及回收评价体系，开展回收过程标准化建设，提高规范化水平。

2. 推动资源化利用

推动废旧电器电子产品拆解产物规模化、规范化、高值化利用，研发应用能耗低、排放小、高性能的破碎分选工艺和设备，鼓励废玻璃资源化、废塑料脱卤改性、废印刷线路板稀贵金属提取、废塑料高值利用等关键技术的研发和产业化应用。完善废旧电器电子产品资源化利用技术规范、质量标准及评价方法。研究和建立再利用零部件质量管理规范和技术标准。

3. 开展协同创新

充分考虑产品设计开发对产品废弃后回收和资源化利用的影响，积极开展有害物质替代与减量化、可拆解设计、可再制造设计和可再生材料选用等关键技术的应用。针对生产过程中产生的废料及副产品的资源化、无害化利用技术开展攻关，对成熟适用技术推进产业化应用。开展打印机、复印机等电器电子产品和关键部件产品剩余寿命评估、再利用、无损拆解、清洗检测等技术的研发，形成再制造关键技术设备生产体系。

8.2.4 试点组织实施与管理

1. 试点范围

主要包括家用电器、计算机及文办电器、通信及电子产品、照明电器、电池等。

2.实施年限

试点实施年限为三年。

3.申报条件

申报单位包括生产企业和第三方机构。生产企业可独立申报,第三方机构应联合生产企业申报,并符合以下条件。

1)生产企业

(1)在中国境内注册,具有独立法人资格。

(2)具有较强的行业代表性。

(3)具有较完善的能源和环境管理体系,各项管理制度健全。

(4)具有健全的财务管理制度,销售赢利能力处于行业领先水平,具有较强的节能环保投入能力。

(5)节能降耗、环境保护、综合利用措施符合国家和地方的法律法规及标准规范要求,清洁生产水平行业领先,污染物排放稳定达标,近三年无重大安全和环境污染事故。

(6)对自身实施 EPR 制度有明确的目标和工作思路,落实方案有保障。

2)第三方机构

(1)在中国境内注册,具有独立法人资格;不具有独立法人资格的非营利性社会团体组织,应依托其挂靠的、具有独立法人资格的单位进行申报。

(2)能够发挥较强行业带动作用。

(3)具有完善的回收体系及信息平台建设能力。

4.申报程序

省级工业和信息化主管部门组织本地区申报工作。

申报单位参照《电器电子产品 EPR 试点实施方案编制指南》(见附录 2)编制试点实施方案,申报组织单位对申报材料进行审核,确定推荐名单,连同正式上报文件、申报材料(纸质材料一式三份)报送工信部节能与综合利用司,电子版同时发送至电子邮箱:zyzhly@miit.gov.cn。

各地区工业和信息化主管部门要认真做好申报单位的初审和申报材料的审核把关工作。

5.试点单位确定

工信部将会同财政、商务、科技主管部门组织专家对申报材料进行审核,对通过审核的申报单位,在工信部官方网站进行公示,最终确定试点单位名单。

6.过程管理与退出机制

试点单位要做好项目进程调控、阶段总结等关键环节,做好人员和资源配置工作。及时研究试点中出现的问题,并进行整改。工信部将会同财政、商务、科技主管部门制定阶段评估规范,对试点单位进行指导,每年进行一次评估检查。没有按计划完成目标任务的试点单位,视情况取消其试点企业资格。

7.试点验收与总结推广

试点结束后,工信部将会同财政、商务、科技主管部门对试点单位进行评价和验收,及时总结成功经验和有益做法,组织交流,并积极推广。

8.2.5 保障措施

1.加强组织领导

建立工信部、财政部、商务部和科技部的政策协调及联动机制,省级工业和信息化主管部门应加强对试点工作的组织领导,结合本地区实际,按照本方案要求,做好试点宣贯、申报、管理和评估工作,确保试点取得实效。

2.加大引导和扶持力度

研究对试点企业给予废弃电器电子产品处理基金减免政策,加大现有政策对试点企业技术和模式创新的支持力度。对试点方案中提出的项目,符合国家技术改造等资金支持范围的予以优先支持。地方工业和信息化主管部门应将试点项目列入节能减排、技术改造、清洁生产、循环经济等财政资金支持重点名列。

3.加强基础能力建设

工信部组织建立电器电子产品全生命周期信息登记制度和信息管理平台,对产品生产、销售(包括进出口)、回收、资源化利用进行管理,为评价考核提供依据。试点单位通过信息管理平台将企业信息和数据进行注册登记,推进试点工作的全面信息化和网络化管理。

4.加强宣传和培训

各级工业和信息化主管部门应在官方网站上公布本地区试点单位名单和相关信息。通过开展多种形式的宣传,提高消费者环保意识,促进可持续消费,规范废旧产品回收体系建设。建立培训机制,提高企业资源循环利用技术水平和管理水平,提升企业竞争力。

8.2.6 试点工作的主要亮点

一是企业主体,政府引导。充分发挥优秀电器电子产品生产者的积极性,对已经具有 EPR 实践基础的企业进行试点，由省级工业和信息化主管部门会同相关部门，组织辖区内符合条件的企业编制申报材料，制定具体实施方案。引导其将 EPR 规范化、体系化和目标化。以电器电子产品的生产者为试点主体，探索建立基于不同行业特点的 EPR 制度。

二是试点先行，分类指导。通过试点工作，积极推进电器电子行业 EPR 的实施，制定和完善相关标准规范，确立评价指标和评价方法，推广先进技术创新和模式创新。推动互联网、物联网等信息技术、再制造技术、资源综合利用技术等全新模式在废旧电器电子产品回收体系建设、再制造、资源综合利用领域的应用，利用信息技术构建产品全生命周期的大数据平台，为实施 EPR 制度提供技术支撑。

三是机制创新，政策支持。试点工作涉及工信部、财政部、商务部、科技部等多个部委，各相关部门将积极发挥各自职能作用形成协同推进合力，旨在从引导和激励机制等方面进行创新，在总结试点工作经验的基础上为试点项目提供多方面的政策支持。

8.3 试点实施方案编制指南

为推动电器电子产品 EPR 试点工作开展，指导申报单位编制试点实施方案，制定本指南。

8.3.1 编制工作要求

申报单位编制实施方案时，应组织单位相关负责人，以及设计研发、生产管理、售后服务等有关人员学习《废弃电器电子产品回收处理管理条例》《电子信息产品污染控制管理办法》《关于开展工业产品生态设计的指导意见》等政策文件，做好试点方案编制工作。实施方案要充分体现本行业、申报单位及产品特点，在试点目标、主要任务、保障措施等方面力争有所创新和突破。

8.3.2 方案框架

1. 申报单位概况

（1）申报单位基本情况。注册地址、注册资金、组织机构代码、营业执照、所有制性质、产量、产值、进出口情况、总人数、是否为高新技术企业、联系方式等。

（2）申报单位的优势领域和特点。

2.EPR实施现状和问题

申报单位执行节能环保、清洁生产、资源综合利用等相关法律法规、标准规范执行情况，分析EPR实施现状、发展趋势和主要问题。

3.总体思路和实施目标

（1）总体思路。按照试点总体要求，明确试点工作思路。

（2）实施目标。提出明确的总体目标和阶段性目标。阶段性目标可按年度提出可量化、可评估的指标，具体指标要针对主要任务设定。

4.主要任务和重点项目

申报单位可根据行业和产品特点，结合自身优势，围绕履行回收和资源化利用这条主线，以及与之密切相关的产品源头控制、绿色生产、再制造等方面内容，确定主要任务，提出重点项目。

5.资金投入和效益分析

对申报实施EPR制度的综合效益进行分析评价（包括经济效益分析、环境效益分析、社会效益分析）明确评价方法，对各项成本和收益进行全面系统测算，提出试点企业/第三方机构开展EPR试点成效。

6.保障措施

申报单位要围绕试点目标和主要任务，提出有针对性的保障措施，主要包括组织实施、资金投入、人力资源、技术创新、信息管理体系、评价考核体系、宣传培训等。

7.附件

申报单位与本次申报相关的证明材料等。

8.4 首批电器电子产品EPR试点单位

2016年2月4日，为贯彻落实党的十八届五中全会精神，探索建立EPR制度，引导生产企业履行相关责任，根据工信部、财政部、商务部、科技部《关于组织开展电器电子产品生产者责任延伸试点工作的通知》（工信部联节函〔2015〕301号），经企业与第三方机构申报、地方工业和信息化主管部门推荐、专家评审并向社会进行公示，确定了电器电子产品EPR首批试点名单，现予公布，如表8.1所示。

表8.1 电器电子产品EPR首批试点名单

一、电器电子产品生产企业

序号	生产企业	合作单位	试点产品
1	四川长虹电器股份有限公司	四川长虹格润再生资源有限责任公司	电视、冰箱、空调、手机
2	珠海格力电器股份有限公司	湖南绿色再生资源有限公司 石家庄绿色再生资源有限公司 郑州格力绿色再生资源有限公司 芜湖绿色再生资源有限公司 天津绿色再生资源有限公司	空气调节器、电冰箱、空气净化器、饮水机、净水机、加湿器、抽湿机、消毒柜、电压力锅、燃气灶、抽油烟机、手机
3	海信集团有限公司	青岛新天地生态循环科技有限公司	电视机、空调、冰箱、洗衣机
4	TCL空调器（中山）有限公司	汕头TCL德庆环保发展有限公司	空调
5	TCL王牌电器（惠州）有限公司	汕头TCL德庆环保发展有限公司 TCL奥博（天津）环保发展有限公司 惠州TCL环境科技有限公司	电视机
6	六安索伊电器制造有限公司	安徽福茂再生资源循环科技有限公司	冰箱、空调、冷柜
7	安徽尊贵电器集团有限公司	安徽福茂再生资源循环科技有限公司	冰箱、洗衣机、冷柜
8	联想（北京）有限公司	阳光雨露信息技术服务（北京）有限公司 上海新金桥环保有限公司 伟翔环保科技发展（上海、北京）有限公司 苏州伟翔电子废弃物处理技术有限公司 广州伟翔环保科技发展有限公司	笔记本电脑、台式机、手机
9	联想（上海）电子科技有限公司	阳光雨露信息技术服务（北京）有限公司 上海新金桥环保有限公司	笔记本电脑、台式机、手机
10	华为终端（东莞）有限公司	俐通集团 深圳回收宝科技有限公司	手机、平板电脑
11	上海力克数码科技有限公司	伟翔环保科技发展（上海）有限公司 上海市计算机行业协会	高端服务器
12	源祺节能（科技）上海有限公司	森蓝环保（上海）有限公司	打印（复印）机、计算机、电视机
13	风帆股份有限公司	河北港安环保科技有限公司	铅蓄电池
14	天能集团（河南）能源科技有限公司	天能集团（濮阳）再生资源有限公司	铅蓄电池
15	超威电源有限公司	太和县大华能源科技有限公司	铅蓄电池

续表

| 二、第三方机构 ||||||
序号	第三方机构	生产企业	合作单位	试点产品
16	中国通信工业协会 中国电子节能技术协会	联想（北京）有限公司 宏达通讯有限公司 三星电子（北京）技术服务有限公司 宁波波导股份有限公司 青岛海信通信有限公司 中兴通讯股份有限公司 深圳TCL云创科技有限公司	深圳淘绿信息科技股份有限公司 荆门格林美新材料有限公司 伟翔环保科技发展（上海）有限公司	手机
17	中国电池工业协会 中国电子节能技术协会	超威电源有限公司 浙江南都电源动力股份有限公司 天能电池集团有限公司	国家环境保护铅酸蓄电池生产和回收再生污染防治工程技术中心 上海蓄电池环保产业联盟 苏州金立昊贸易有限公司	铅蓄电池

从表8.1可以看出，共有17个试点项目纳入第一批电器电子产品EPR试点名单。其中，15家为生产企业，2家行业协会。试点产品不仅涵盖首批目录产品，还包括新增目录产品，以及铅酸电池。此外，还有30多家回收、处理等企业作为合作单位参与了试点工作。

2016年5月20日，电器电子产品EPR试点推进会在北京召开。华为、长虹、TCL等纳入首批试点单位的生产企业及相关第三方机构、合作单位，以及工信部节能与综合利用司和中国家用电器研究院负责同志参加会议。在推进会上，各试点单位介绍了废弃电器电子产品回收、资源化利用、协同创新的具体做法，交流了试点工作经验。工信部节能与综合利用司通报了首批试点工作总体情况，对下一步工作做了部署。

随着试点工作的深入，将会有更多的生产企业加入试点。在试点过程中对适应行业特点的EPR新模式的探索将为建立和完善EPR制度提供宝贵的实践经验。

附 录

附录1 我国国家层面包装废弃物资源化管理相关法律法规及政策

类别	文件名称	实施时间	相关内容的规定
法律	《固体废物污染环境防治法》（中华人民共和国主席令第三十一号）	2005年4月1日修订实施	规定生产、销售、进口依法被列入强制回收目录的产品和包装物的企业，必须按照国家有关规定对该产品和包装物进行回收
法律	《清洁生产促进法》（中华人民共和国主席令第七十二号）	2003年1月1日	规定产品和包装物的设计，应当考虑其在生命周期中对人类健康和环境的影响，优先选择无毒、无害，易于降解或者便于回收利用的方案。生产、销售被列入强制回收目录的产品和包装物的企业，必须对该产品报废和包装物使用后դ对该产品和包装物进行回收
法律	《循环经济促进法》（中华人民共和国主席令第四号）	2008年9月1日	该法对废旧包装废弃物的再生资源利用和资源化做了具体要求。同时规定建立以生产者为主体的责任延伸制度，综合运用财政、税收、投资、价格、市场准入、信贷等手段
法规	《国民经济和社会发展第十二个五年规划纲要》	2011年	完善再生资源回收体系，推进再生资源规模化利用
法规	《国务院批转住房城乡建设部等部门关于进一步加强城市生活垃圾处理工作意见的通知》（国发〔2011〕9号）	2011年4月9日	全民动员，科学引导。在切实提高生活垃圾无害化处理能力的基础上，加强产品生产和流通过程管理，减少过度包装，倡导节约型消费模式，从源头控制生活垃圾产生。综合利用，变废为宝。坚持发展循环经济，推动生活垃圾分类工作，提高生活垃圾中废纸、废塑料、废金属等材料回收利用率，提高生活垃圾中有机成分和热能的利用水平，全面提升生活垃圾资源化利用工作。限制包装材料过度使用，减少一次性包装性废物产生，探索建立包装物强制回收制度，促进包装物回收再利用。加强资源再利用。全面推广废旧商品回收利用、生物处理等生活垃圾资源化利用方式
规章	《包装资源回收利用暂行管理办法》	1999年1月1日	阐明了包装术语与包装的分类，规定了纸、木、塑料、金属、玻璃等包装废弃物回收利用的管理原则，回收渠道、回收办法、分级原则、储存和运输、包装复用品种、复用办法、复用方法的技术要求、试验方法、检验规则、包装废弃物的处理与奖惩原则、附则等内容

续表

类别	文件名称	实施时间	相关内容的规定
规章	《再生资源回收利用"十五"规划的通知》	2002年1月10日	大力开展再生资源回收利用，是提高资源利用效率，保护环境，建立资源节约型社会
	《城市生活垃圾管理办法》（建设部令第157号）	2007年7月1日	第三条 城市生活垃圾的治理，实行减量化、资源化、无害化和谁产生、谁依法负责的原则。国家采取有利于城市生活垃圾治理的经济、技术政策和措施，提高城市生活垃圾治理的科学技术水平，鼓励对城市生活垃圾实行充分回收和合理利用第十五条 城市生活垃圾应当逐步实行分类投放、收集收运
	《再生资源回收管理办法》（商务部令2007年第8号）	2007年5月1日起施行	规定包装废弃物属于再生资源，对包装废弃物的回收活动中，政府相关职能部门的监督管理、企业的经营规则等进行了明确
	《商品零售场所塑料购物袋有偿使用管理办法》（商务部、发展改革委、工商总局令2008年第8号）	2008年6月1日	引导消费者减少使用塑料购物袋，对零售场所塑料购物袋有偿使用做出规定
	《国务院办公厅关于限制生产销售使用塑料购物袋的通知》（国办发〔2007〕72号）	2008年1月9日	禁止生产、销售、使用超薄塑料购物袋；实行塑料购物袋有偿使用制度；提高废塑料的回收利用水平
	《产业结构调整指导目录（2011年本）》（发展改革委2011第9号）	2011年6月1日	指导目录分为鼓励类、限制类和淘汰类。鼓励类有：高效、节能、低污染、规模化再生资源回收综合利用，包括稀有色金属回收；节能环保型玻璃窖炉合金电极、电助熔、全氧燃烧技术的设计、应用；废（碎）玻璃回收再利用；聚酯回收利用产业化，差别化和功能性涤纶长丝等高附加值产品；再生资源回收利用；废旧电器电子产品、废印刷电路板、废旧电池、废旧农813、废旧农膜、废旧船舶、废矿润滑油等再生资源回收利用技术与设备开发；综合利用率95%以上；轻烃类石化副产物综合利用；废钢破碎生产线、4000马力以上废塑料复合材料回收处理成套装备（回收率95%以上）；轻烃类石化副产物综合利用技术和装备

续表

类别	文件名称	实施时间	相关内容的规定
国家标准	《包装废弃物的处理与利用通则》（GB/T16716—1996）	1997年5月1日	通则主要规定了与包装废弃物有关的系列定义和分类同时规定了包装废弃物处理与利用的效果评价准则应包括经济效益与环境保护效果，并应作为包装功能性、方便性和销售综合评价的一部分
	《包装回收标志》（GB18455—2001）	2001年9月18日	规定了可回收复用包装及可再生利用包装标志的种类、名称、尺寸及颜色等
	《包装与包装废弃物 第1部分：处理和利用通则》（GB/T 16716.1—2008）	2009年1月1日	规定了包装与包装废弃物处理与利用的要求、方法、效果评估准则和回收标志。代替GB/T16716—1996《包装废弃物的处理与利用通则》
	《包装与包装废弃物 第2部分：评估方法和程序》（GB/T 16716.2—2010）	2011年1月1日	规定了对包装废弃物进行预先全面评估使用的方法、要求、程序和准则。本部分适用于所有投放市场的商品包装交付使用的产品包装
	《包装与包装废弃物 第3部分：预先减少用量》（GB/T 16716.3—2010）	2011年1月1日	规定了预先评估包装或包装材料的用量及其重金属和化学品含量的要求、方法、程序和准则
	《包装与包装废弃物 第4部分：重复使用》（GB/T 16716.4—2010）	2011年1月1日	规定了评估可重复使用的包装及其系统的方法、要求、程序和准则。本部分适用于可重复使用的包装材料
	《包装与包装废弃物 第5部分：材料循环再生》（GB/T 16716.5—2010）	2011年1月1日	规定了评估包装或包装材料可循环再生利用的要求、方法、程序和准则。本部分适用于可以材料循环再生形式回收利用的包装或包装材料
	《包装回收标志》（GB/T 18455—2010）	2011年1月1日	本标准规定了可回收复用包装和可再生利用包装标志的种类、名称、尺寸及颜色等。适用于各类可回收复用和再生利用的包装材料
	《包装与包装环境》（GB/T 23156—2010）	2011年1月1日	规定了与包装环境有关的包装的术语及其定义。本标准适用于包装和包装废弃物的处理利用
	《废纸再利用技术要求》（GB 20811—2006）	2007年6月1日	规定了废纸的术语、分类、要求、抽样和试验方法等。适用于采购废纸及销售废纸

续表

类别	文件名称	实施时间	相关内容的规定
国家标准	《铝及铝合金废料》（GB/T 15586—2006）	2007年2月1日	规定了铝及铝合金废料（以下简称废铝）的分类、要求、试验方法、检验规则和包装、标志、运输及贮存。适用于国内外贸易及再生有色金属熔炼企业、铝加工企业废铝的回收
	《限制商品过度包装要求 食品和化妆品》（GB 23350—2009）	2009年3月31日	该标准对食品和化妆品销售包装的空隙率、包装层数和包装成本3个指标作出了强制性规定，分别是包装层数不得多于3层，初始包装之外的所有包装成本总和不得超过商品销售价格的20%，包装空隙率不得大于60%
	《中国资源综合利用技术政策大纲》（2010年第14号）	2010年7月1日	积极鼓励推广再生资源回收利用技术。废纸板和废纸再生利用技术、废旧金属再生利用技术、废塑料再生利用、废玻璃再生利用技术
相关政策	《国家环保总局、国家发改委、科技部等六部委关于组织开展循环经济示范试点（第一批）工作的通知》（发改环资[2005]2199号）	2005年11月	确定了钢铁、有色、化工等7个重点行业的42家企业、再生资源回收利用4个重点领域的17家单位，国家级开发区、重化工业集中地区和农业示范区13个产业园区，资源型和资源匮乏型城市涉及东、中、西部和东北老工业基地的10个省市，作为第一批国家循环经济示范试点
	《国家环保总局、国家发改委、科技部等六部委关于组织开展循环经济示范试点（第二批）工作的通知》（发改环资[2007]3420号）	2007年12月13日	组织开展第二批国家循环经济示范试点。对实现节能减排目标有重要意义的农业、皮革、食品、包装、纺织印染等行业，资源综合利用领域选择再生资源挖解加工利用集散市场、节能减废旧金属再生利用、装备再制造、废弃电和城市生活垃圾资源化等有典型示范意义的相关企业和地方政府开展试点
	《国家发改委、财政部关于开展城市矿产示范基地建设的通知》（发改环资[2010]977号）	2010年5月12日	通过5年的努力，在全国建设30个左右技术先进、管理规范、利用规模化、环保达标、辐射作用强的"城市矿产"示范基地。推动报废机电设备、电线电缆、家电、汽车、手机、铅酸电池、塑料、橡胶等重点"城市矿产"资源的循环利用、规模利用和高值利用。开发、示范、推广一批先进适用技术和国际领先技术，提升"城市矿产"资源开发利用技术水平。"城市矿产"资源化利用示范基地建设成符合我国国情的"城市矿产"资源化利用的管理模式和政策机制，实现"城市矿产"资源化利用的标志性指标

续表

类别	文件名称	实施时间	相关内容的规定
相关政策	《商务部、财政部关于加快推进再生资源回收体系建设的通知》（商商贸发[2009]142号）	2006年4月6日	通过完善再生资源回收的法律、标准和政策，形成再生资源回收促进体系；通过建立回收企业和从业人员培训体系，规范再生资源回收从业人员；通过建立回收站点，分拣中心和集散市场，规范改造社区居民回收管理，使城市90%以上的社区设立规范的回收站点，90%以上的再生资源进入指定市场进行规范化的交易和集中处理，再生资源主要品种回收率达到80%，逐步形成符合城市建设发展规划、布局合理、网络健全、设施适用、服务功能齐全、管理科学的再生资源回收体系，实现再生资源回收的产业化
	《商务部办公厅关于印发〈再生资源回收经营者备案说明〉的通知》（商改字[2007]54号）	2007年5月1日	从事再生资源回收经营活动的企业和个体工商户，都要办理备案登记
	《国家环境保护总局中华人民共和国海关总署国家质量监督检验检疫总局公告》（2005年第5号）	2005年4月1日	《自动进口许可管理类可用作原料的废物目录》和《限制进口类可用作原料的废物目录》中的废物有十大类，如废纸、废五金电器、废船和废塑料等。并对进口废物实施审批制度，进口人需向环保部门提出申请，经审核批准，取得国家环保总局核发的《进口废物批准证书》后，可在批准范围内进口可用作原料的废物
	《国家发改委公告发布铝行业准入条件》（2007年第64号公告）	2007年10月29日	发展循环经济，提高铝再生回收企业的技术和环保水平，按照规模化、环保型的发展模式回收利用再生资源。禁止利用直接燃煤的反射炉和其他再生铝项目和4吨以下的其他再生铝项目，禁止采用坩埚炉熔炼再生铝合金
	《有色金属工业"十二五"发展规划》	2011年	分有色金属工业发展现状、发展环境、指导思想及主要目标、主要任务、重大专项及保障措施等六个章节。提出大力发展循环经济，鼓励低品位矿、共伴生矿、难选冶矿、尾矿和熔炼渣等资源开发利用。促进铜、铅、铝等冶炼企业原料中各种有价元素回收，冶炼渣综合利用，以及冶炼余热利用。建立完善铝再生资源利用体系，规泥回收、拆解，建设一批规模化再生利用示范工程

续表

类别	文件名称	实施时间	相关内容的规定
相关政策	《关于资源综合利用及其他产品增值税政策的通知》（财税[2008]156号）	2008年7月1日	调整和完善部分资源综合利用产品的增值税政策
	《财政部 国家税务总局关于再生资源增值税政策的通知》（财税[2008]157号）	2009年1月1日	本通知所称再生资源，是指《再生资源回收管理办法》（商务部令2007年第8号）第二条所称的再生资源，即在社会生产和生活消费过程中产生的，已经失去原有全部或部分使用价值，经过回收、加工处理，能够使其重新获得使用价值的各种废弃物。上述加工处理，仅指清洗、挑选、整理等简单加工
	《财政部关于明确办理再生资源增值税退税程序的补充通知》（财监[2009]7号）	2009年2月13日	规定了再生资源退税审核程序问题中负责初审、复审的财政部门
	《关于调整完善资源综合利用产品及劳务增值税政策的通知》（财税[2011]115号）	2011年1月1日	对资源综合利用产品增值税政策进行调整完善。对销售下列自产货物实行增值税即征即退50%的政策：以废塑料、废旧聚氯乙烯（PVC）制品、废橡胶制品及废铝塑复合纸包装材料为原料生产的汽油、柴油、废塑料（橡胶）油、石油焦、炭黑、再生胶浆、铝粉、摩托车用改性再生专用料、家电用改性再生专用料、管材用改性再生专用料、汽车用改性再生专用料、化学纤维用聚酯（PET）树脂（杂质含量低于0.5mg/g，水分含量低于1%）及再生塑料制品。生产原料中上述资源的比重不低于70%。上述废塑料制品、化学纤维、无纺布、包、黏合剂及再生聚酯产品，生产原料中上述资源的比重不低于90%。以废弃天然纤维、化学纤维为原料生产的纤维纱及织布、无纺布、包、黏合剂及再生聚酯产品，生产原料中上述资源的比重不低于小于1μg/g等。ISO9000、ISO14000认证
	《国务院关于印发"十二五"节能减排综合性工作方案的通知》（国发[2011]26号）	2011年8月31日	（二十六）加快资源再生利用产业化。加快"城市矿产"示范基地建设，推进再生资源规模化利用。加快建设城市社区和农村回收站点、分拣中心、集散市场"三位一体"的再生资源回收体系。（二十七）促进垃圾资源化利用。健全城市生活垃圾分类回收、密闭运输、集中处理体系

续表

类别	文件名称	实施时间	相关内容的规定
相关政策	《有色金属产业调整和振兴规划》	2009年	大力发展循环经济，提高资源再利用水平，加强资源节约和综合利用。加快建设覆盖全社会的有色金属再生利用体系，支持具备条件的地区建设有色金属回收交易市场，拆解利用有条件的企业采用高效、低污染的工艺装备，技术上水平，产品上档次，减少矿产资源消耗
	《再生有色金属产业发展推进计划》（工信部联节〔2011〕51号）	2011年1月24日	加快再生有色金属利用步伐，进一步优化再生有色金属产能布局，加快结构调整，实现产业升级，推动产业规范、健康利用持续发展
	《关于组织申报再生资源回收体系建设项目有关问题的通知》（财办建〔2010〕63号）	2010年8月17日	重点支持部分再生资源回收体系建设试点城市以龙头企业为实施载体，建设标准化社区回收点，分拣加工中心（包括报废汽车回收拆解企业）等，打造稳定、高效、环保的城市再生资源回收利用体系，探索城市再生资源回收利用的新型模式。支持标准原则上每个城市不超过5000万元，且不超过总投资额的50%
	《关于支持循环经济发展的投融资政策措施意见的通知》（发改环资〔2010〕801号）	2010年5月	充分发挥政府规划、投资、产业和价格政策的引导作用，全面改进和提升支持循环经济发展的金融服务，多渠道拓展促进循环经济发展的直接融资途径，加大利用国外资金对循环经济发展的支持力度
	《关于2011年开展再生资源回收利用体系建设有关问题的通知》（财办建〔2011〕8号）	2011年	支持大同、哈尔滨、南京、马鞍山、南昌、潍坊、烟台、漯河、武汉、玉溪10个城市再生资源回收利用体系建设。并支持部分省份（合计单列市、新疆生产建设兵团，下同）区域性大型再生资源回收利用基地建设
	《国家发展改革委关于印发"十二五"资源综合利用指导意见和大宗固体废物综合利用实施方案的通知》（发改环资〔2011〕2919号）	2011年12月10日	推进垃圾分类，重点开展废弃包装物等无害化处理和资源化利用；完善废纸回收、分拣、加工利用体系；重点开发废塑料回收、分拣、清洗加等预处理和改性以及生产木塑制品墨、加工利用高值利用，推广废塑料再生造粒改性设备，废旧塑料瓶、废旧膜等预处理和改性以及生产木塑制品

续表

类别	文件名称	实施时间	相关内容的规定
相关政策	《国家环境保护"十二五"规划》(国发〔2011〕42号)	2011年12月15日	建设废旧物品回收体系和集中加工处理园区,推进资源综合利用
	《财政部 国家发展改革委关于印发〈循环经济发展专项资金管理暂行办法〉的通知》(财建[2012]616号)	2012年7月20日	专项资金支持国家"城市矿产"示范基地建设。本办法所称"城市矿产"是指工业化和城镇化过程中产生和蕴藏在废旧机电设备、电线电缆、通讯工具、汽车、家电、电子产品、金属和塑料包装物以及废料中,可循环利用的钢铁、有色金属、稀贵金属、塑料、橡胶、玻璃等资源,其利用量相当于原生矿产资源
	《国务院关于印发循环经济发展战略及近期行动计划的通知》(国发[2013]5号)	2013年1月23日	到2015年,废纸利用率达到72%。大幅度减少食品过度包装。推进废弃物回收利用。鼓励零售批发企业对废弃包装物、废弃食品、垃圾等进行分类回收。严格执行"限塑令",禁止销售使用超薄塑料购物袋,落实对废弃包装袋有偿使用政策。推广可多次利用的周转包装,支持托盘共用系统建设,实现包装物的梯级利用。加强对废弃包装物的回收和再处理。做好废纸等传统再生资源的回收,提高回收率。创新回收方式,强化监督管理,推进包装物的回收、推动废弃农药包装物等有害废弃物的回收
	《国家发展改革委关于组织开展循环经济示范城市(县)创建工作的通知》(发改环资[2013]1720号)	2013年9月4日	建设完善分类回收、密闭运输、集中处理、资源化利用的城市生活垃圾回收利用体系。开展餐厨废弃物、包装废弃物、园林废弃物等城市典型废弃物回收和资源化利用
	《关于开展循环经济示范城市(县)建设的通知》(发改环资[2015]2154号)	2015年9月22日	开展餐厨废弃物、建筑垃圾、包装废弃物、园林废弃物、废弃电器电子产品和报废汽车等城市典型废弃物回收和资源化利用

附录2 地方层面包装废弃物资源化管理相关法规及政策

类别	文件名称	实施时间	相关内容的规定
地方法规	《贵阳市建设循环经济生态城市条例》（2004年7月8日贵阳市第十一届人民代表大会常务委员会第十四次会议通过，2004年9月24日贵州省第十届人民代表大会常务委员会第十次会议批准）	2004年11月1日	第十八条 生产、销售被列入强制回收目录的产品和包装物，企业应当按照规定回收再用。没有列入强制回收目录的，企业在技术、经济许可的范围内，应当按照下列规定开展利用与处理：（一）可以全部或者部分再利用的，必须再利用；（二）可以再生利用的，必须进行再生利用；（三）可以热回收的，必须进行热回收；（四）不能利用的，必须进行符合环保要求的处理
地方法规	《宁波市再生资源回收利用管理条例》（宁波市人民代表大会常务委员会十三届第九号）	2009年3月1日	第二十二条 本市企业设计、生产产品和包装物，应当提高原材料的利用效率，优先使用可再利用和可资源化的材料，抑制产品的过度包装，抑制产品和包装物变成废物。 第二十三条 企业对自身生产的产品应当在产品说明书或者包装物的显著位置标明产品及其包装物被最终使用后进行再利用、资源化或者无害化处置的方法及其他必要信息；对于可再生利用的，应当在产品或者包装物上标注可再生标识。企业应当在再生利用再生资源生产的产品或者包装物上标注再生品标识，并且在说明书中注明
规划	《浙江省"十二五"规划》	2011～2015年	（三）推进资源节约集约利用：加强资源综合利用。建立完善城乡垃圾分类收集处置管理系统，支持废旧金属、废旧塑料、废旧家电等废旧物资回收利用，推广绿色再制造，着力构建以再生资源回收利用为特色的资源循环利用模式

续表

类别	文件名称	实施时间	相关内容的规定
规划	《嘉兴市"十二五"规划》	2011~2015年	20.大力发展生态经济。加强资源综合利用和再生利用,完善再生资源回收体系和垃圾分类回收制度,推进资源再生利用产业化
规划	《贵州省"十二五"规划》	2011~2015年	36.大力发展循环经济。以提高资源产出效率为目标,加强规划指导、财税和金融等政策支持,完善法律法规,实行EPR制度,推进生产、流通、消费各环节循环经济发展。加强政策引导培植循环经济产业体系
规划	《贵阳市国民经济和社会发展第十二个五年规划纲要》	2011年4月27日	(六)巩固提升生态优势,增强可持续发展能力:合理开发利用资源,提高资源综合利用水平,规范资源开发秩序
办法	《浙江省再生资源回收利用体系建设专项资金使用管理暂行办法》	2007年5月28日	从2007年开始,省财政将安排一定数额的资金建立浙江省再生资源回收利用体系建设专项资金,支持全省再生资源回收利用体系建设。资金使用范围:(一)建设再生资源回收利用网络;(二)培育再生资源回收利用龙头企业;(三)改造建设再生资源集散市场;(四)开展再生资源回收人员培训和利用技术研究
通知	《浙江省商务厅、浙江省财政厅关于开展省级再生资源回收利用体系示范城市建设的通知》	2010年5月13日	在全省各市、县中选择一批政府领导重视、部门管理规范,并拥有相应的再生资源回收龙头企业的地区,开展省级再生资源回收利用体系建设示范工作,逐步向全省推广。争取通过5年左右的时间,通过两级试点示范同步推进,逐步建立回收企业和从业人员培训体系,规范改造社区居民回收站点、分拣中心和集散市场,全省一半以上的市县达到省级示范城市标准,逐步形成符合城市建设发展规划,布局合理、网络健全、功能齐全、管理科学、有效利用的再生资源回收利用体系

续表

类别	文件名称	实施时间	相关内容的规定
意见	《浙江省人民政府贯彻国务院关于建设节约型社会重点工作的实施意见》	2005年8月17日	五、加强资源综合利用 （二）做好再生资源回收利用工作。以再生金属、废旧轮胎、废旧家电及电子产品回收利用为重点，推进再生资源微循环和回收利用，推进生活垃圾和污泥资源化利用。建立和完善废旧物资回收利用体系，重点抓好废旧家用电器与废旧电子产品回收利用、废旧轮胎和包装物等废弃资源回收利用。抓好一批综合回收利用企业，促进可再生资源和工业废弃物综合利用。至2007年，全省废旧物资回收企业免税销售总值达550亿元，年均增长5%以上 六、加快节约型社会的政策和法规体系建设 （二）健全节约资源的法规规章制度。修订《中华人民共和国节约能源法》实施条例，建立严格的节能管理制度，明确激励政策，规范执法主体，加大惩戒力度。修订取水许可制度实施细则，着手制定节约用水管理办法和废旧家电回收处理管理办法，建立生产者和消费者责任制。推进石油节约、墙体材料革新、建筑节能、包装物和废旧轮胎回收等资源节约与综合利用方面的规章制度建设
	《嘉兴市发展循环经济建设节约型社会的实施意见》	2006年9月4日	（三十）节约使用包装材料。落实生产者的包装回收义务，推进玻璃、马口铁、铝、纸版、塑料等包装材料的回收利用（责任单位：市经贸委） （三十一）延长材料使用寿命。鼓励包装容器的重复使用，鼓励利用林业三剩物、次小薪材生产密度板等产品（责任单位：市经贸委、市农业经济局）

续表

类别	文件名称	实施时间	相关内容的规定
意见	《贵州省贵阳市人民政府关于大力推进再生资源绿色回收利用体系建设的实施意见》	2007年5月31日	以建立再生资源绿色回收站为支撑,以建设废旧物资交易市场、废旧物资分拣场、加工园区为平台,逐步发展废旧物资综合利用产业,构建我市循环经济型生态城市的再生资源绿色回收利用体系,具体目标任务是:1.按照我市社区建设和居民生活的实际需要,在本市行政区内有一定规模的社区和大专院校、机关、街道建设绿色回收站为主框架,配置流动收购车为补充,形成一个规范化的回收网络,逐步解决目前存在的经营不规范和不法商贩收购户乱收乱购、乱堆乱放、污染环境、影响治安等问题,营造和谐美好的生活环境和社会气氛。2.在花溪、小河、白云、乌当4区及城郊结合部建设2~4个规范化的废旧物资交易市场、在城市生活垃圾卫生填埋场预留场地和小河区、白云区各建1个废旧物资分拣场、在贵阳市城郊结合部建设1个规模较大的旧货市场、在郊区适当地点规划建设加工园区。3.扶持和培育绿色回收和可再生资源加工利用龙头企业